Clausewitz zur Einführung

Für alle, die für eine bessere Welt kämpfen wollen

Sebastian Schindler

Clausewitz zur Einführung

JUNIUS

Junius Verlag GmbH
Stresemannstraße 375
22761 Hamburg
www.junius-verlag.de

Umschlaggestaltung: Florian Zietz
Titelbild: Reproduktion eines Gemäldes
von Karl Wilhelm Wach (1787–1845)
Satz: Junius Verlag GmbH
Printed in the EU 2020
ISBN 978-3-96060-309-2

Bibliografische Information der Deutschen Nationalbibliothek
Die Deutsche Nationalbibliothek verzeichnet diese Publikation in der Deutschen Nationalbibliografie; detaillierte bibliografische Daten sind im Internet über http://dnb.dnb.de abrufbar.

Zur Einführung ...

... hat diese Taschenbuchreihe seit ihrer Gründung 1977 gedient. Zunächst als sozialistische Initiative gestartet, die philosophisches Wissen allgemein zugänglich machen und so den Marsch durch die Institutionen theoretisch ausrüsten sollte, wurden die Bände in den achtziger Jahren zu einem verlässlichen Leitfaden durch das Labyrinth der neuen Unübersichtlichkeit. Mit der Kombination von Wissensvermittlung und kritischer Analyse haben die Junius-Bände stilbildend gewirkt.

Seit den neunziger Jahren reformierten sich Teile der Geisteswissenschaften als Kulturwissenschaften und brachten neue Fächer und Schwerpunkte wie Medienwissenschaften, Wissenschaftsgeschichte oder Bildwissenschaften hervor. Auch im Verhältnis zu den Naturwissenschaften sahen sich die traditionellen Kernfächer der Geisteswissenschaften neuen Herausforderungen ausgesetzt. Diesen Veränderungen trug eine Neuausrichtung der Junius-Reihe Rechnung, die seit 2003 von der verstorbenen Cornelia Vismann und zwei der Unterzeichnenden (M.H. und D.T.) verantwortet wurde.

Ein Jahrzehnt später erweisen sich die Kulturwissenschaften eher als notwendige Erweiterung denn als Neubegründung der Geisteswissenschaften. In den Fokus sind neue, nicht zuletzt politik- und sozialwissenschaftliche Fragen gerückt, die sich produktiv mit den geistes- und kulturwissenschaftlichen Problemstellungen vermengt haben. So scheint eine erneute Inventur der Reihe sinnvoll, deren Aufgabe unverändert darin besteht, kompetent und anschaulich zu vermitteln, was kritisches Denken und Forschen jenseits naturwissenschaftlicher Zugänge heute zu leisten vermag.

Zur Einführung ist für Leute geschrieben, denen daran gelegen ist, sich über bekannte und manchmal weniger bekannte Autor(inn)en und Themen zu orientieren. Sie wollen klassische Fragen in neuem Licht und neue Forschungsfelder in gültiger Form dargestellt sehen.

Zur Einführung ist von Leuten geschrieben, die nicht nur einen souveränen Überblick geben, sondern ihren eigenen Standpunkt markieren. Vermittlung heißt nicht Verwässerung, Repräsentativität nicht Vollständigkeit. Die Autorinnen und Autoren der Reihe haben eine eigene Perspektive auf ihren Gegenstand, und ihre Handschrift ist in den einzelnen Bänden deutlich erkennbar.

Zur Einführung ist in der Hinsicht traditionell, dass es den Stärken des gedruckten Buchs – die Darstellung baut auf Übersichtlichkeit, Sorgfalt und reflexive Distanz, das Medium auf Handhabbarkeit und Haltbarkeit – auch in Zeiten liquider Netzpublikationen vertraut.

Zur Einführung bleibt seinem ursprünglichen Konzept treu, indem es die Zirkulation von Ideen, Erkenntnissen und Wissen befördert.

Michael Hagner
Ina Kerner
Dieter Thomä

Inhalt

Einleitung

Carl von Clausewitz (1780–1831) war ein Kämpfer. Er hat sich den Herausforderungen seiner Zeit und seines Lebens auf kämpfende Weise gestellt. Als preußischer Soldat und Offizier kämpfte er gegen Frankreich und Napoleon. 1792, im Alter von zwölf Jahren, schrieb ihn sein Vater beim preußischen Militär ein. Im Kindesalter nahm er an Feldzügen gegen das revolutionäre Frankreich teil. 1806, mit 26 Jahren, erlebte er als Offizier die verheerende preußische Niederlage gegen Napoleons Armeen bei Jena und Auerstedt. 1812, mit 32 Jahren, kämpfte er aufseiten Russlands gegen Napoleons riesiges Invasionsheer und erlebte die beinahe vollständige Zerstörung von Napoleons Armee. Aber Clausewitz kämpfte nicht nur im Krieg, sondern auch in der Politik. In den Jahren nach der preußischen Niederlage 1806 setzte er sich im Kreis der preußischen Reformer um Scharnhorst, Gneisenau und den Freiherrn von Stein für einen Umbau von Staat und Armee ein. Diese Reformen sollten Preußen befähigen, Napoleons Übermacht zu widerstehen. Clausewitz' Gegner waren zu dieser Zeit nicht fremde Soldaten und Armeeführer, sondern die konservativen Kräfte im Staat. Die Konservativen widersetzten sich den Reformen, weil diese eine Liberalisierung von Staat und Armee vorsahen. Sie befürchteten, dass die Reformen einer revolutionären Umgestaltung der Gesellschaft Tür und Tor öffnen würden. Vor dem Umbau des eigenen Staates bevorzugten sie sogar eine Allianz mit Napoleon. Als sich der preußische König Anfang 1812 für die Allianz und gegen das Wagnis eines Konflikts mit Frankreich entschied, war Clausewitz tief enttäuscht und schloss sich der russischen Armee an.

Obwohl Napoleons Niederlage in Russland im Nachhinein seine Entscheidung rechtfertigte, blieb Clausewitz im monarchischen Preußen ein Ruf der Illoyalität. Bis zu seinem Tod im Jahr 1831 – im Alter von 51 Jahren – hatte er kaum noch Einfluss in der preußischen Politik. Zwar wurde er 1818 zum Generalmajor befördert und übernahm den Posten des Direktors der Allgemeinen Kriegsschule in Berlin. Aber in dieser Funktion war er hauptsächlich mit administrativen Aufgaben betraut. In den letzten zwölf Jahren seines Lebens kämpfte Clausewitz noch einen dritten Kampf – nach dem militärischen und politischen einen schriftstellerischen. Er fasste den Entschluss, sein Erfahrungswissen vom Krieg in ein bleibendes Werk zu verwandeln. Clausewitz wollte eine Theorie des Krieges formulieren, deren abstrakte Einsichten auch nach seinem Tod Gültigkeit behalten sollten. Immer wieder überarbeitete er sein Manuskript und schärfte Ausdruck und Inhalt. Noch bevor er sein Werk abschließen konnte, starb Clausewitz bei einem Militäreinsatz in Polen an der Cholera. Seine Frau Marie von Clausewitz (geb. von Brühl), mit der ihn zeitlebens eine enge intellektuelle und emotionale Partnerschaft verband (Münkler 1988, 235), veröffentlichte nach seinem Tod das unfertige Manuskript unter dem Titel *Vom Kriege* (im Folgenden zitiert als VK). Als Herausgeberin stellte sie dem Text eine »Vorrede« voran, in der sie festhielt, dass ihr Mann, der im »tätigen Leben« seine Fähigkeiten nicht voll entfalten konnte, als Schriftsteller wirksam sein wollte: »Sein ganzes Streben richtete sich also auf das Reich der Wissenschaft, und der Nutzen, den er einst durch sein Werk zu stiften hoffte, wurde der Zweck seines Lebens.« (VK, 176)

Vom Kriege hat Clausewitz nach seinem Tod berühmt gemacht. In der europäischen Tradition gilt das Werk bis heute als *die* klassische theoretische Studie über den Krieg. Clausewitz' Stil ist luzide und klar. Er zeigt sich in seiner Schrift als Denker von philosophischer Tiefe und intellektueller Präzision. Sein Buch hat deshalb Leserinnen und Leser nicht nur in Militärkreisen gefunden. Ab etwa 1848 wurde er an preußischen Militärschulen vertieft studiert. Zur selben Zeit begannen wahrscheinlich auch Karl Marx und Friedrich Engels, sich mit ihm zu beschäftigen (Ancona 1980, 563). Während die preußischen und deutschen Militärführer des 19. und frühen 20. Jahrhunderts – Männer wie Helmuth von Moltke, Alfred von Schlieffen, Erich Ludendorff – ihn nur partiell rezipierten oder sogar explizit ablehnten, erkannten Marx und Engels eine tiefe Ähnlichkeit zu ihrer eigenen Vision der Aufgabe von Theorie und theoretischem Denken (Wehler 1980; Korsch 1980). Marx hielt in einem Brief an Engels anerkennend über Clausewitz fest, »der Kerl« habe »einen Common Sense, der an Witz grenzt« (Marx 1858). Clausewitz wurde von einer Reihe von linken Theoretikern als Denker gewürdigt, der sich auf das Problem der Praxis und praktischer Veränderung konzentrierte (Ancona 1980). Zum Beispiel nutzte Lenin Clausewitz' Theorie dazu, um die imperialistische Kriegführung zu kritisieren und strategische Fragen des Klassenkampfes zu erörtern (Hahlweg 1980b). Später würdigte Mao Clausewitz als einen Vordenker von »Volkskrieg« und Guerillakriegführung (Heuser 2005, 176–180). Auch Che Guevara zitierte Clausewitz (Guevara 1980).

Im 20. Jahrhundert wurde Clausewitz' Werk zu einem zentralen Referenzpunkt in Sachen Kriegs- und Militärtheorie. In England machte Basil Liddell Hart den preußischen Kriegsphilosophen für die katastrophalen Opfer des Ersten Weltkriegs verantwortlich, weil die Verluste – wie er meinte – ein Resultat der

Anwendung Clausewitz'scher Gedanken durch die deutschen Heerführer gewesen seien. Im US-amerikanischen Militär setzte eine vertiefte Rezeption besonders nach der Niederlage im Vietnamkrieg ein. *Vom Kriege* wurde in den 1980er Jahren zum Schlüsselwerk in der US-amerikanischen Offiziersausbildung (Bassford 1994a, 203–4). Eine lange Reihe namhafter Militärhistoriker und -theoretiker hat sich ausführlich mit Clausewitz auseinandergesetzt, darunter in Deutschland etwa Hans Delbrück, Hans Rothfels, Herbert Rosinski, Eberhard Kessel, Walther Malmsten Schering und Werner Hahlweg – und in den USA Bernard Brodie, Sir Michael Howard, Peter Paret, Robert Osgood und Anatol Rapoport. Ein französischer Soziologe verfasste eine monumentale Studie zur Veränderung militärischer Gewalt von Napoleon bis ins Nuklearzeitalter, die auf Clausewitz' Theorie beruht (Aron 1980). Ein schottischer Philosoph stellte ihn in eine Reihe von »Philosophen des Friedens und des Kriegs« neben Immanuel Kant, Karl Marx und Leo Tolstoi (Gallie 1978). In jeder historischen Phase gab es Denker, die Clausewitz' Werk nutzten, um die Probleme ihrer eigenen Zeit zu erhellen.

Was hat uns Clausewitz heute zu sagen? Welchen Wert hat es heute, eine Einführung in Clausewitz zu lesen oder zu schreiben? Clausewitz kann inspirieren. Seine Theorie besitzt auch heute Inspirationskraft. Dies mag verwunderlich klingen. Wie soll ein Theoretiker, der sich mit Krieg und Gewalt beschäftigte, heute inspirieren? Vielleicht kann er uns helfen, Kriege besser zu verstehen, dies ja – aber inspirieren? Die Einsichten, die Clausewitz beim Nachdenken über Krieg und Gewalt gewann, lassen sich auch auf andere Arten des Kämpfens übertragen (vgl. Gallie 1978, 43; Vollrath 1984; Sumida 2008, 192–4). Kämpfen – wenn man darunter alles Handeln in Konflikten versteht, alles Sich-Einsetzen für die eigenen Ziele und Überzeugungen in Situationen, in denen uns andere Ziele und Überzeugungen entgegenstehen – ist ein generelles Phänomen des menschlichen Lebens. In Konflikte sind wir alle immer wieder verwickelt, im öffentlichen Leben genauso wie im privaten. Wer eine politische Veränderung erreichen möchte, der kann Konflikten nicht ausweichen. Wer eine gute Beziehung führen möchte, der sollte dem Partner nicht ständig nachgeben. Wer sich für eine bessere Welt einsetzen möchte, der muss wissen, wie man sich trotz Widerspruch und Widerständen durchsetzen kann. Wohin es führt, wenn es an der Fähigkeit zu kämpfen mangelt, hat der Publizist und Essayist Sebastian Haffner in eindringlichen Worten beschrieben. In *Geschichte eines Deutschen*, seinen Erinnerungen an die Zeit, in der Hitler und die Nazis groß wurden, berichtet Haffner vom frappierenden Mangel an Kampfesmut der Hitler-Gegner nach dessen Machtergreifung im März 1933:

»Es gab nicht *ein* Beispiel von Verteidigungsenergie, Mannhaftigkeit, Haltung. Es gab nur Panik, Flucht und Überläuferei. Millionen waren im März 1933 noch kampfbereit. Sie fanden sich über Nacht führerlos, waffenlos und verraten. Ein Teil von ihnen suchte noch, verzweifelt, Anschluß beim ›Stahlhelm‹ und bei den Deutschnationalen, als sich zeigte, daß die andern nicht kämpften. Deren Mitgliederzahlen schwollen ein paar Wochen lang unheimlich an. Dann wurden auch sie aufgelöst – und kapitulierten kampflos. Dieses furchtbare moralische Versagen der gegnerischen Führung ist ein Grundzug der ›Revolution‹ vom März 1933. Es machte den Nazis den Sieg sehr leicht.« (Haffner 2000, Kap. 20)

Eine freie Gesellschaft braucht Menschen, die bereit sind, sich für ihre Ziele einzusetzen, selbst wenn dies Konflikt und Kampf bedeutet. So war es im März 1933, und so ist es auch heute. Deshalb lohnt die Beschäftigung mit Clausewitz auch in unserer Zeit.

Aber wie kann man einem Denker des Krieges Inspiration abgewinnen für die Kämpfe, die wir in Friedenszeiten ausfechten müssen? Ist das Risiko eines solchen Vorgehens nicht, die Gewalt und Grausamkeit des Krieges zu rechtfertigen? Diese Einführung liefert keine Apologie des Krieges. Ich möchte Kriege und Gewalt nicht rechtfertigen. Ich beschäftige mich in diesem Buch nicht mit der Frage, ob sie unter bestimmten Umständen legitim sind oder nicht. Mein Ziel ist, die tiefen philosophischen und theoretischen Einsichten freizulegen, zu denen Clausewitz beim Nachdenken über das Handeln im Krieg gelangte. Dies bedeutet nicht, dass man den blutigen Gegenstand, anhand dessen Clausewitz seine Theorie entwickelt, einfach vergessen kann.[1] *Vom Kriege* befasst sich mit dem Kämpfen in militärischen Konflikten, selbst wenn Clausewitz darauf hinweist, dass es Kämpfe auch in Friedenszeiten gibt (VK, 835). Aber obwohl physische Gewaltanwendung im Zentrum von Clausewitz' Nachdenken steht, können seine Einsichten auch für Situationen des gewaltfreien Konflikts gelten. Krieg ist für Clausewitz definiert als »ein Akt der Gewalt, um den Gegner zur Erfüllung unseres Willens zu zwingen« (VK, 191–2). Gleichzeitig betont er, dass das allgemeinere Prinzip, welches den Krieg als menschliche Tätigkeit charakterisiert, das des Kampfes ist: »Krieg in seiner eigentlichen Bedeutung ist Kampf; denn Kampf ist allein das wirksame Prinzip in der mannigfaltigen Tätigkeit, die man in der weiteren Bedeutung Krieg nennt.« (VK, 269)[2] In jedem Konflikt stehen sich zwei Willen gegenüber. Gewalt ist zwar das ultimative Mittel, um eine Entscheidung herbeizuführen, aber es gibt auch nichtgewaltsame Mittel des Kampfes. Mahatma Gandhi, der berühmte Advokat des gewaltlosen Widerstands, sah eine kämpferische Haltung als sehr wichtig an (Caygill 2013, 72). Auch Gandhi wollte seinen Gegner – die britische Kolonialmacht – zur Erfüllung seines Willens zwingen. Um diesen Zweck zu erreichen, verzichtete er freiwillig auf das Mittel der Gewalt.

Clausewitz' Theorie bezieht sich zwar konkret fast ausschließlich auf den gewaltsamen Kampf, aber tatsächlich lassen sich gerade seine abstraktesten und allgemeingültigsten Einsichten vom konkreten Gewaltgeschehen ablösen. Diese Einsichten bieten ein tiefes Verständnis der Bedingungen des Handelns in Situationen, in denen sich Spannungen und Differenzen (zumindest vorerst) nicht in Harmonie auflösen lassen. Der Philosoph und Arendtianer Ernst Vollrath hat Clausewitz als Denker des »Gegenhandelns« beschrieben (Vollrath 1984). Aber anstatt diesen etwas umständlichen Neologismus zu verwenden, bietet sich ein Begriff an, den Clausewitz selbst gebraucht hat – der des Kampfes. Dieser Begriff hat zwar den Nachteil, dass er in der deutschen Sprache tendenziell eher negativ besetzt ist – nicht ganz grundlos, war er doch Bestandteil des Nazi-Jargons vom immerwährenden »Kampf« der Rassen um die Weltherrschaft. Aber es gibt auch positive Anknüpfungspunkte. Einen positiven Begriff des Kämpfens hat nicht zuletzt Axel Honneth mit seiner Theorie des »Kampfs um Anerkennung« formuliert (Honneth 1994).[3] Honneth kontrastiert den Kampf um Anerkennung, den er anhand von G.W.F. Hegels Philosophie entwickelt, mit dem Kampf um Selbsterhalt, den Niccolò Machiavelli und Thomas Hobbes beschrieben haben. Auf diese Weise gelingt es Honneth, eine Form des Kämpfens theoretisch zu erfassen, die eine notwendige moralische Ressource einer Gesellschaft freier Individuen ist – und nicht ihre Pathologie. Honneth hat sich allerdings nur wenig mit den besonderen Eigenschaften und Merkmalen des Kämpfens als praktische Tätigkeit auseinandergesetzt. Um das Kämpfen als Praxis zu verstehen, gibt es kaum einen besseren Lehrmeister als den Denker des Krieges – Clausewitz.

Dieses Buch bietet Einführung in drei abstrakte Einsichten, die zu den wesentlichsten und tiefsten Gedanken von Clausewitz' Kriegstheorie zählen. Sie betreffen drei grundlegende Fragen, die sich all denjenigen stellen, die sich in eine Situation des Konflikts begeben und die Entscheidung treffen, nicht aufzugeben, sondern zu kämpfen. Diese drei Fragen sind:

1. Was ist das Kämpfen?
2. Wie kämpft man erfolgreich?
3. Wozu lohnt es sich zu kämpfen?

Jeder der drei Teile dieses Buchs ist einer dieser Fragen gewidmet. Der erste Teil beschäftigt sich mit dem Wesen des Kämpfens als praktische Tätigkeit. Clausewitz versteht das Kämpfen als eine spezifische Art des menschlichen Tätigseins, das von anderen Tätigkeiten insbesondere dadurch verschieden ist, dass zwischen Absicht und Ausführung eine erhebliche Lücke klafft – die so genannte »Friktion«. Um der Friktion zu begegnen, braucht man laut Clausewitz vor allem die Fähigkeit, frei und selbstbestimmt zu urteilen. Deshalb kann die Tätigkeit des Kämpfens nur von einer besonderen Art von Theorie angemessen erfasst werden – nämlich einer Theorie, die die Urteilskraft stärkt und fördert, ohne die Urteile der Handelnden selbst einzuengen oder zu beschränken.

Der zweite Teil behandelt die Frage, wie man erfolgreich kämpft. Clausewitz' Theorie betont in dieser Hinsicht vor allem die oft unterschätzte Stärke des Abwartens. Indem man abwartet und der direkten Konfrontation ausweicht, lässt sich mit der Zeit die Stärke gewinnen, die man braucht, um Ziele zu erreichen, die im gegenwärtigen Augenblick außer Reichweite liegen. Entscheidend ist dafür, dass das Abwarten als eine aktive Tätigkeit begriffen wird, während der man die Konfrontation auf einer anderen Ebene fortsetzt. Das »aktive« Warten provoziert den Gegner, seine eigenen Kräfte zu überdehnen und macht ihn so verwundbar.

Der dritte Teil befasst sich mit dem Zweck des Kämpfens. Clausewitz weist darauf hin, dass dieser Zweck allzu leicht in Vergessenheit gerät. Oft scheint es so, dass sich strategische Entscheidungen ganz zwangsläufig aus der Notwendigkeit, dem Gegner zuvorzukommen, ergeben. Clausewitz erkennt bei der Arbeit am *Vom Kriege* recht spät, dass auch er dieser einseitigen Wahrnehmung anfangs aufgesessen ist. Als Korrektur entwickelt er die berühmte Formel vom Krieg als Fortsetzung der Politik mit anderen Mitteln. Diese Formel besagt, dass der Krieg nichts Selbständiges ist, sondern Teil einer anderen Tätigkeit. Entscheidungen über den Beginn eines Kampfes und die Art und Weise, in der er geführt wird, sollten immer im Bewusstsein der Zwecke, die man verfolgt, getroffen werden. Kampf sollte nie als Selbstzweck verstanden werden.

Kurzgefasst lauten die drei Einsichten »Kenne die Praxis!«, »Warte ab!« und »Wisse wozu!« Ich werde in jedem Teil zeigen, dass diese drei Einsichten ihren Ursprung in bestimmten biografischen Erfahrungen Clausewitz' haben und dass sie Eingang in zentrale Formeln des Werks *Vom Kriege* gefunden haben. Schließlich gehe ich in jedem Teil darauf ein, wie die Einsichten rezipiert wurden und was sie uns heute zu sagen haben.

1. Der Nutzen der Theorie: Clausewitz als Theoretiker der Praxis

Clausewitz war ein Handelnder, ein Praktiker, der über die Tätigkeit schrieb, die er selbst ausübte – den Krieg. Zugleich war er ein Denkender, ein Theoretiker, der sich für das allgemein Gültige und Wahre interessierte und mit seinem Verstand die Praxis durchdringen wollte. Aber das zentrale Problem, auf das er schon sehr früh stieß, war, dass sich die Praxis der Verallgemeinerung zu entziehen schien. Auf welche scheinbar allgemeingültigen Prinzipien man sein Handeln auch gründete, immer schien alles anders zu geschehen, als man es sich zuvor überlegt hatte. Man entwarf zum Beispiel einen strategischen Plan, wie der Gegner durch einen überraschenden Positionswechsel zu besiegen war. Aber dann kam einem das Wetter dazwischen, das die Straßen unpassierbar machte. Grundsätzlich schien man immer länger zu brauchen von einem Punkt zum anderen, als erhofft. Befehle wurden nie genau so umgesetzt, wie sie erdacht worden waren. Oder der Gegner machte eine Bewegung, mit der man nicht gerechnet hatte. Überhaupt war das Wissen von dem, was geschah, stets ungewiss und unsicher. Gefühle spielten eine große Rolle. An einem Tag war dieser oder jener Unterkommandierende wankelmütig, am anderen ging er mutig vor. Diese Gefühle waren wiederum beeinflusst vom Wetter und von den Nachrichten, die Kuriere überbrachten und die oft gar nicht stimmten. Kurz: die kriegerische Praxis war ein großes Kuddelmuddel. Ständig geschahen Dinge, die man unmöglich hatte vorherberechnen können, und oft wusste man von diesen Dingen gar nicht sicher, ob sie wirklich geschehen waren oder ob sie nur, wie beim bekannten Spiel Flüsterpost, durch die Widrigkeiten der Kommunikation als scheinbare Hindernisse erschienen. So war die Praxis des Kriegs, wie Clausewitz sie erfuhr, und es ist leicht einzusehen, warum eine solche Praxis ein Problem für einen theoretisch denkenden Menschen darstellt. Clausewitz wollte die Abstraktion, er suchte die allgemeingültige Einsicht, aber die Praxis schien sich ebensolcher zu versperren.

Der erste Teil dieses Buchs beschäftigt sich mit Clausewitz' Antwort auf die geschilderten Probleme der Ungewissheit der Praxis, der Rolle von Überraschungen und Zufällen, der Unberechenbarkeit des gegnerischen Handelns und der Bedeutung von Gefühlen – Faktoren, die er theoretisch unter dem Begriff der »Friktion« zusammenfasst. Clausewitz' Antwort ist interessant und noch heute relevant, weil sie zwei gleichermaßen unbefriedigenden Vereinfachungen entgegentritt. Einerseits ist Clausewitz ein Gegner jener Theorie, die die Ungewissheit der Praxis und die Rolle von Gefühlen schlicht ignoriert und stattdessen annimmt, objektive Prinzipien könnten die Praxis komplett erfassen und praktisches Handeln kalkulierbar machen. Aber andererseits stellt sich Clausewitz auch gegen einen Ausweg, der darin bestünde, einfach nur die Komplexität, Wandelbarkeit und Unvorhersehbarkeit der Praxis zu behaupten. Clausewitz will abstrakte theoretische Einsichten erlangen, die gültig sind nicht nur jetzt, sondern auch für Vergangenheit und Zukunft, und die über die bloße Anerkenntnis der Kontingenz (das heißt den Gedanken, dass sich alles immer ändert) hinausgehen. Anders gesagt: Clausewitz sucht nach dem, was sich Wahres über eine Tätigkeit aussagen lässt, die durch ständige Veränderung, Zufälle und Ungewissheit charakterisiert ist. Er ist davon überzeugt, dass es eine bestimmte Art der Theorie gibt, die, obwohl sie abstrakt und allgemein ist, dennoch nicht in Widerspruch mit der Praxis steht.

Die Frage, wie eine Theorie beschaffen sein muss, die für die Praxis taugt, ist das erste große intellektuelle Problem, mit dem sich Clausewitz ausführlich beschäftigt. Nicht zuletzt durch seinen Lehrer und Mentor, den General Gerhard von Scharnhorst, wird Clausewitz auf diese Frage aufmerksam. In der Person Scharnhorsts findet er zugleich die Antwort auf seine Frage verkörpert: einen theoretisch denkenden und zugleich praktisch wirksamen Menschen, Militärführer und Politiker (Abschnitt 1.1). Clausewitz' frühe Einsichten in das Wesen einer praxisrelevanten Theorie charakterisieren die Kriegstheorie seines Hauptwerks *Vom Kriege*. Hier entwickelt er den Begriff der »Friktion« (1.2). Hier befasst er sich mit den Qualitäten, die das Handeln unter den Bedingungen der Friktion erfordert – dem »kriegerischen Genius« bzw. »Genie« (1.3). Die Einsicht in die erschwerenden Bedingungen des Handelns im Krieg (Friktion) sowie die Qualitäten, die dieses Handeln erfordert (Genie), bestimmen das Wesen einer praktisch nützlichen Theorie – einer Theorie, die »Anhalt für das Urteil« unter ungewissen Umständen bietet (1.4). Diese spezifische Form der »Praxistheorie« ist auch heutzutage nützlich, weil sie auf die spezifische Herausforderung hinweist, die allem Kämpfen innewohnt (1.5).

1.1 Clausewitz und Scharnhorst

Wer die biografischen Ursprünge von Clausewitz' Kriegstheorie verstehen möchte, der muss sich mit Scharnhorst beschäftigen. Gerhard David von Scharnhorst, geboren 1756 im Staat Hannover und bürgerlicher Abstammung, war eine der zentralen Figuren im Kreis der preußischen Reformer, die nach der Niederlage gegen Napoleon im Jahr 1806 versuchten, Staat und Militär zu modernisieren. Scharnhorst unterrichtete an der Allgemeinen Kriegsschule in Berlin, der Kaderschmiede des preußischen Militärs, wo Clausewitz ab 1801 seine Offiziersausbildung ablegte. Er wurde dort auf das Talent des jungen Clausewitz aufmerksam, der die Ausbildung als Jahrgangsbester abschloss. Auf Empfehlung Scharnhorsts wurde Clausewitz Adjutant des Prinzen August und gewann Zugang zur preußischen Führungsschicht. Zwischen 1809 und 1812 arbeitete Clausewitz eng mit Scharnhorst zusammen und unterstützte die Arbeit der preußischen Reformer (Aron 1980, 35, 51; Förster 1980, 88–9).

Scharnhorsts Persönlichkeit machte großen Eindruck auf den Anfang Zwanzigjährigen Clausewitz. Bis zum Beginn seiner Offiziersausbildung an der Berliner Kriegsschule hatte sich Clausewitz im Wesentlichen autodidaktisch durch eigene Lektüre militärtheoretischer und literarischer Schriften gebildet (Paret 1980, 357). Clausewitz war schon 1792, im Alter von nur zwölf Jahren, von seinem Vater beim preußischen Militär eingeschrieben worden. Aus heutiger Sicht müsste man Clausewitz als Kindersoldaten bezeichnen, auch wenn ein solch junges Alter damals nicht völlig ungewöhnlich war. 1793 und 1794 nahm Clausewitz in der preußischen Armee an den blutigen Feldzügen gegen das revolutionäre Frankreich teil. Danach war er bis zum Eintritt in die Kriegsschule in einer Garnison in Neuruppin (nordwestlich von Berlin in Brandenburg gelegen) stationiert. Hier konnte er erstmals seinen intellektuellen Interessen nachgehen und schaffte schließlich die Aufnahmeprüfung für die Kriegsschule. In Berlin eröffnete sich Clausewitz ein völlig anderer intellektueller Horizont, der ihn beflügelte und seinen theoretischen Interessen größeren Freiraum gab. Besonders zu Scharnhorst entstand in dieser Zeit eine Verbindung (Paret 1980, 358). Scharnhorst wurde zu einem Lehrer und Mentor für Clausewitz, oder wie Raymond

Aron es etwas altertümlich nennt, zu seinem »Meister« (Aron 1980, 589).[4] »Scharnhorst«, so schreibt Marie von Clausewitz in ihrer Vorrede zu *Vom Kriege*, »hatte ihn zuerst auf die richtige Bahn gelenkt.« (VK, 174)

Was lernte Clausewitz von Scharnhorst? Was beeindruckte den jungen, intellektuell aufgeschlossenen Offiziersanwärter so sehr an dessen Person? Um diese Fragen zu beantworten, werde ich mich im Folgenden mit einem Text beschäftigen, den Clausewitz nach Scharnhorsts Tod über seinen Mentor geschrieben hat. Clausewitz verfasste 1817, vier Jahre nach Scharnhorsts Tod infolge einer Kriegsverletzung, einen Aufsatz mit dem Titel »Über das Leben und den Charakter von Scharnhorst« (im Folgenden abgekürzt: LCS). Hier geht er nicht nur ausführlich auf Scharnhorsts Verdienste als Militärführer, Politiker und Reformer in Preußen ein. Er versucht auch, die Art und Weise, wie Scharnhorst dachte und handelte, abstrakter zu charakterisieren. Aus diesem Charakterporträt – dem idealisierten Porträt eines Denkers, der in der Praxis wirksam war – kann man ablesen, welches Ideal eines theoretisch denkenden Menschen Clausewitz vorschwebte. Interessanterweise rühmt Clausewitz Scharnhorst nicht nur und auch gar nicht primär als Militärführer und General, sondern als politischen Veränderer. Clausewitz bewunderte Scharnhorsts Fähigkeit, in der Praxis zu wirken und Veränderungen zu bewirken. »Nie hat es einen Menschen gegeben«, schreibt Clausewitz, »der praktischer und werkthätiger in seinem ganzen Wesen gewesen wäre« (LCS, 227). Clausewitz' hohes Lob für seinen Mentor steht im Kontrast zu dem Ruf, den Scharnhorst bei vielen Zeitgenossen erworben hatte. Scharnhorst galt vielen Menschen als das genaue Gegenteil von praktisch – sie »hielten ihn für einen trockenen Gelehrten und Pedanten« oder »für einen unentschlossenen, unpraktischen und unsoldatischen Bücherschreiber« (LCS, 227). Tatsächlich hält Clausewitz unumwunden fest, dass Scharnhorst eine Gabe nicht besaß: »Witz, Lebendigkeit, Phantasie und üppiges Hervorschießen speculativer Ideen« bzw. »Glanz und Beredsamkeit im Vortrage« (LCS, 226). Dem General Scharnhorst war, so Clausewitz in seinem Nachruf, »eine auffallende Unbehülflichkeit im Ausdrucke eigen« (LCS, 226). Scharnhorst war niemand, der durch seine Beredsamkeit und seinen Sprachwitz die Menschen leicht für sich einnehmen konnte. Und trotzdem lag seine Wirksamkeit genau im Bereich zwischenmenschlicher Beziehungen, im Bereich der Politik bzw. genauer in den politischen Veränderungen, die er durch sein geschicktes Agieren im Staate Preußen anstieß. Wenn man Scharnhorsts Leben und Charakter genau analysierte, dann stand, so Clausewitz, zweifellos fest, dass dieser Mann mehr praktische Veränderungen bewirkte als jene, die beredsam und elegant sprachen. Aber wie gelang es Scharnhorst, praktische Veränderungen anzustoßen, von denen andere nur redeten? Ich werde vier wesentliche Eigenschaften hervorheben, die Clausewitz in seinem Nachruf herausarbeitet.

Die erste Eigenschaft, die Clausewitz beschreibt, ist die Stärke von Scharnhorsts Überzeugungen. Scharnhorst änderte seine Meinung nicht ohne Weiteres. Er besaß »die völligste Unabhängigkeit der Meinung, so daß kein Ansehn, weder das eines großen Namens, noch das des Alters und der Verjährung ihn beschränkte« (LCS, 224). Scharnhorst traute am meisten den eigenen Gedanken und ließ sich davon nur durch bessere Argumente abbringen, die er genau prüfte – und nicht durch Ideen, die sich allein auf den Ruf großer Namen gründeten. Diese Eigenschaft tritt, so Clausewitz, dann am deutlichsten hevor, wenn man Scharnhorst mit jenen Menschen vergleicht, die freigebig ihrer Fantasie folgen und sich immer wieder von neuen Ideen hinreißen lassen. Scharnhorst eigen war »ein ruhiger, wenig beweglicher, aber scharfer, durchdringender Verstand, der, wenn er sich auf einen Gegenstand richtete, immer einen kerngesunden, starken Gedanken hervorbrachte, aber freilich nicht, wie bei lebhaften Menschen, spielend und ohne Zweck bunte Blumen trieb« (LCS, 223). Der Mangel an Beweglichkeit bedeutete nicht, dass Scharnhorst schwer von Begriff war. Es fehlte ihm nicht an »Reizbarkeit, noch an Feinheit, noch an Schnelle, sondern nur an der unruhigen Beweglichkeit, die sich auf alles wirft« (LCS, 223). Scharnhorst begriff schnell, aber er bewegte sich nicht grundlos fort. Er besaß zwar keine glänzende Fantasie, »aber ein höchst klares Vorstellungsvermögen« (LCS, 223). Seine Ungeschicktheit beim mündlichen Vortrag bestand »nur in den Worten und nicht in den Vorstellungen« (LCS, 226). Die Stärke von Scharnhorsts Überzeugungen resultierte aus seiner Klarheit im Denken. Scharnhorst war sich seiner selbst sicher, und zwar nicht, weil er eingebildet und arrogant gewesen wäre oder weil es ihm an Verstand mangelte, sondern im Gegenteil genau deshalb, weil er klar und tief denken konnte.

Diese Selbstsicherheit, die im eigenen Denken verwurzelt war, ging einher mit einem zweiten Talent, das Scharnhorst half, trotz seiner Unbeholfenheit im Ausdruck andere Menschen für sich einzunehmen. Er verstand es, Menschen zu überzeugen, indem es ihm gelang, »aus dem Alten selbst das Neue hervorgehn zu lassen« (LCS, 230). Eine ähnliche Formulierung wird mehrere Jahrzehnte später Karl Marx in einem berühmten Brief an Arnold Ruge verwenden, in dem er es als Aufgabe kritischen Denkens bezeichnet, »aus den Prinzipien der alten Welt neue Prinzipien« zu entwickeln, anstatt »doktrinär« das Neue zu postulieren.[5] Für Clausewitz verkörperte Scharnhost genau diese Tugend kritischen Denkens. Scharnhorst stellte sich nicht hin wie einer, der alles neu und anders machen würde. Er gab seine Einsichten nicht aus als solche, die völlig anders seien als die bisher bestehenden. Stattdessen »suchte er diejenigen Wege der Ueberzeugung der Anderen einzuschlagen, die die wenigsten Hindernisse darboten« (LCS, 225). Er »bahnte seiner Meinung so viel als möglich einen Weg in gewohnten Kanälen« (LCS, 225). Damit stand er wiederum in Kontrast mit jenen Menschen, die sich mit angeblich völlig originellen, noch nie dagewesenen Ideen brüsteten: »Wenn solche Reformatoren ... sich gern damit brüsten, daß ihre Gedanken neu, und ganz das Umgekehrte des Alten seyen, so suchte Scharnhorst die Leute damit zu beruhigen, daß es im Grunde nur das Alte sey, was er vorhabe, etwas modifiziert und wohl verstanden« (LCS, 225). Mit diesem argumentativen Vorgehen gelang es Scharnhorst, die Menschen von seinen Vorschlägen tatsächlich zu überzeugen. Scharnhorst verwandte seine Kräfte darauf, »das Gedachte mit dem Bestehenden sorgfältig zu einigen, und sie ineinander zu verschmelzen« (LCS, 224). Oberflächlich gesehen zielte dieser Weg, Veränderungen zu erreichen, nur auf kleine Reformen und Modifikationen. Aber in der Tiefe war er viel wirksamer als die Vorschläge jener »Systemmacher« (LCS, 230), die behaupteten, durch ihre doktrinären Rezepte könne sich die Welt radikal verändern.

Scharnhorsts Denken nahm nicht nur die vorherrschenden Ideen, sondern auch Geschichte und historische Erfahrung ernst. Der dritte Wesenszug seines Denkens war, dass er seine abstrakten Begriffe stets an konkreten historischen Gegebenheiten und Ereignissen entwickelte und prüfte. Für Scharnhorst galt letztlich nur der tatsächliche, historische Beweis. Er suchte »diejenige Wahrheit ..., die aus der Nähe entspringt, in welcher der Begriff neben der Sache aufgestellt wird« (LCS, 224). Er unterzog seine Ideen der »scharfen Prüfung des wirklichen Lebens« (LCS, 225). Autorität bezog er aus der »Kraft des historischen Beweises« (LCS, 225). Diese Eigenschaft förderte den allgemeinen Eindruck, dass Scharnhorst ein Pedant war, der sich detailversessen im Studium der Geschichte verlor. Der Eindruck entstand aus dem Kontrast zu jenen Systemmachern, die abstrakte und pointierte Einsichten postulierten, ohne sich um Umsetzungsmöglichkeiten in der tatsächlichen Geschichte allzu viele Sorgen zu machen. Aber der Eindruck war irreführend. In Wirklichkeit achtete Scharnhorst »die rohe Materie des Wissens sehr gering und sah nur auf den Geist, der daraus gezogen werden kann« (LCS, 227). Scharnhorst war kein Feind abstrakten, theoretischen Denkens. Aber er achtete es nur insoweit, »als es mit den Erscheinungen der Welt ohne Zwang zusammen stimmt« (LCS, 224). Scharnhorst suchte eine Verallgemeinerung, die das Detail nicht vergisst und ignoriert. Er verlor sich weder in den Abstraktionen der Theorie noch in den Einzelheiten der Geschichte. Stattdessen kombinierte er beides, Fähigkeit zur Abstraktion und Wissen um das Detail. Sein abstraktes theoretisches Denken bezog sich auf die Praxis und es war deshalb stimmigerweise aus der Auseinandersetzung mit der (historischen) Praxis gewonnen.

Mit dem Versuch, das eigene Denken stets in Auseinandersetzung mit konkreter historischer Erfahrung zu gründen, ging – dies ist die vierte Eigenschaft – eine bestimmte, pädagogische Weise des Umgangs mit anderen einher. Scharnhost war kein Lehrer, der darauf bestand, dass seine Schüler bestimmte abstrakte Lehrsätze auswendig lernten. Im Gegenteil war es so, dass »der Untersuchungsgeist Scharnhorsts das unbefangene Urtheil des gesunden Menschenverstandes weckte und ermunterte« (LCS, 231). Wenn Scharnhorst über vielerlei Beispiele und historisch belegte Geschehnisse sprach, dann kamen die, die ihm zuhörten, wie von selbst zu gewissen allgemeinen Erkenntnissen. »Da er so von wirklichen Begebenheiten in einer breiten Basis ausging, schienen sich in ihm und den Zuhörern zugleich die allgemeinen Grundsätze von selbst zu bilden.« (LCS, 231) Scharnhorst war ein Meister der Bildung. Er verstand seinen Unterricht und überhaupt seinen geistigen Austausch mit anderen als einen Prozess, in dem man gemeinsam dachte und gemeinsam vorankam. Er ging nicht davon aus, dass nur er die Wahrheit kenne und dass er sie den anderen deshalb bloß mitteilen müsse. Stattdessen suchte er die Wahrheit gemeinsam mit anderen zu finden und zu formulieren. »Dadurch sind die Köpfe zum Selbstdenken ermuthigt worden« (LCS, 231–2). Scharnhorst versuchte, die Fähigkeit, die er selbst besaß – die Fähigkeit tief und klar zu denken –, anderen zu vermitteln, sie anderen weiterzugeben. Als allgemeines Motto passt das »Selbstdenken« zum aufklärerischen Geist der Zeit. Aber Scharnhorst schien eine pädagogische Methode, eine Weise des Unterrichtens gefunden zu haben, die solche Prozesse bei seinen Zuhörern tatsächlich auslöste. Clausewitz hält fest, dass Scharnhorsts Lehre eine »wahre Geistesbelebung« verursachte (LCS, 232). Diese Belebung, so beobachtete Clausewitz vier Jahre nach Scharnhorsts Tod, »dauert in ihren heilsamen Wirkungen gewiß noch lange fort« (LCS, 232). Scharnhorsts Bildungsbemühungen strahlten in die Welt aus und wirkten nach seinem Tod weiter, weil er die Menschen zum Selbstdenken ermunterte, anstatt einige abstrakte Prinzipien zu formulieren, die sie schnell wieder vergaßen. Damit erreichte Scharnhorst die Menschen tatsächlich und veränderte – bildete – sie langfristig. Letztlich sind wohl auch Clausewitz' eigenes Denken und der Weltruhm, den seine Schriften erlangten, ohne die Inspiration und Anleitung zum Selbstdenken durch seinen Lehrer Scharnhorst nicht denkbar.[6]

Clausewitz begegnete in Scharnhorst einer Persönlichkeit, die ihn nicht nur förderte, sondern auch tief beeindruckte. Zwar kann man keine definitiven Schlüsse aus seinem Text auf die realen Erfahrungen ziehen, die Clausewitz in den ersten Begegnungen mit Scharnhorst an der Berliner Kriegsschule machte.[7] Sicherlich idealisierte er, verkürzte er, vereinfachte er, wenn er 1817 über Scharnhorst schrieb. Und sicherlich hat er nicht gleich zu

Beginn auf den Begriff bringen können, was ihn an Scharnhorst faszinierte. Aber sein Text enthält doch die Essenz dessen, was er an Scharnhorst bewunderte. Clausewitz erkannte mit und durch Scharnhorst, welche Art von theoretischem Denken es war, das praktischen Nutzen erbrachte. Es war ein kritisches Denken, das genau die vier Eigenschaften besaß, die Clausewitz an Scharnhorst schätzte: ein Denken, das klare und stabile Überzeugung vermittelte; ein Denken, das in der Auseinandersetzung mit dem Bestehenden das Neue entwickelte; ein Denken, das in konkreter historischer Erfahrung gründete; ein Denken, das nicht doktrinäre Prinzipien postulierte, sondern zum Selbstdenken ermutigte.

Clausewitz' Schrift *Über das Leben und den Charakter Scharnhorst* enthält in Grundzügen das ganze theoretische Programm, das seiner eigenen Kriegstheorie zugrunde liegt. Clausewitz entwickelt dieses Programm in Form einer Charakterstudie eines bestimmten theoretisch denkenden und doch in der Praxis wirksamen Menschen, den er selbst kannte – Scharnhorst. Dies ist nicht nur ein Beleg für die Bedeutung Scharnhorsts für Clausewitz' intellektuelle Entwicklung, sondern auch dafür, dass der praktisch handelnde Mensch der zentrale Gegenstand von Clausewitz' Theorie ist.[8] Clausewitz will eine Theorie bieten, die Menschen konkret dabei hilft, gut und erfolgreich zu handeln. Dafür muss eine solche Theorie zuvörderst erkennen, welcher Art die Probleme sind, die sich handelnden Menschen in den Weg stellen. Sie muss erkennen, welcher Art die Probleme sind, die es zu überwinden gilt, wenn man – wie Scharnhorst – praktisch wirksam sein möchte. Die Theorie benötigt also, in Clausewitz' Worten, einen Begriff der »Friktion«.

1.2 Friktion

Mit dem Ausdruck »Friktion« erfasst Clausewitz die besondere Schwierigkeit des Handelns im Krieg. Die Wirkung der Friktion, die im Krieg auf allen Handlungen lastet, beschreibt er bildlich folgendermaßen: »Das Handeln im Krieg ist eine Bewegung im erschwerenden Mittel. So wenig man imstande ist, im Wasser die natürlichste und einfachste Bewegung, das bloße Gehen, mit Leichtigkeit und Präzision zu tun, sowenig kann man im Kriege mit gewöhnlichen Kräften auch nur die Linie des Mittelmäßigen halten.« (VK, 263) Das Gehen, die Fortbewegung mit den eigenen Füßen, die an Land leichtfällt, ist im Wasser schwierig. Ähnlich verhält es sich mit dem Krieg. Tätigkeiten, die in konfliktfreien Zeiten leicht sind, fallen im Krieg schwer. Aufgabe der Theorie ist es, auf diese Schwierigkeiten vorzubereiten: »Daher kommt es, dass der richtige Theoretiker wie ein Schwimmeister erscheint, der Bewegungen, die fürs Wasser nötig sind, auf dem Trocknen üben lässt, die denen grotesk und übertrieben vorkommen, die nicht an das Wasser denken; daher kommt es aber auch, dass Theoretiker, die selbst nie untergetaucht sind oder von ihren Erfahrungen nichts Allgemeines zu abstrahieren wissen, unpraktisch und selbst abgeschmackt sind, weil sie nur das lehren, was ein jeder kann – gehen.« (VK, 263) Eine Theorie, die zugleich praktisch ist und allgemeingültig sein soll, muss die Schwierigkeiten der kriegerischen Tätigkeit in den Fokus rücken. Sie muss darauf vorbereiten, dass »alles im Kriege einfach, aber das Einfachste schwierig« ist (VK, 261). Unter den Bedingungen eines kriegerischen Konflikts sind die einfachsten Dinge schwierig. Darauf muss eine Theorie, die praktisch nützlich sein soll, die Handelnden vorbereiten. Sie muss darauf vorbereiten, dass der Weg zur Realisierung der eigenen Ziele im Krieg gewöhnlich nicht direkt ist, sondern über viele Umwege führt.

»Friktion« soll das benennen, was den Krieg in der tatsächlichen Praxis auszeichnet. »Friktion ist der einzige Begriff, welcher dem ziemlich allgemein entspricht, was den wirklichen Krieg von dem auf dem Papier unterscheidet.« (VK, 262) Clausewitz verwendet diesen Begriff sowohl in der Einzahl als auch in der Mehrzahl. Er spricht einerseits von »dem Gesamtbegriff eine allgemeinen Friktion« (VK, 265), dann aber auch von den spezifischen »Friktionen«, die sich aus bestimmten Bedingungen ergeben. Die Friktion bzw. die Schwierigkeit kriegerischer Praxis hängt eng damit zusammen, dass im Krieg nicht Maschinen kämpfen, sondern Menschen. »Die militärische Maschine, die Armee und alles, was dazu gehört, ist im Grunde sehr einfach und scheint deshalb leicht zu handhaben. Aber man bedenke, dass kein Teil davon aus einem Stücke ist, dass alles aus Individuen zusammengesetzt ist, deren jedes seine eigene Friktion nach allen Seiten hin behält.« (VK, 262) Die militärische Maschine entspricht nicht, so Clausewitz weiter, einem Balken, der sich »um einen eisernen Zapfen mit wenig Friktion dreht« (VK, 262). Sie besteht aus Menschen, deren Handeln nicht berechnet werden kann wie die Bewegungen einer Maschine. Das ist es, was die Theorie berücksichtigen muss. Sie muss eine Theorie des Handelns von Menschen sein, die Gefühle haben und die sich zueinander nicht einfach wie ineinandergreifende Zahnräder verhalten. Und das kann sie nur sein, wenn sie die Friktion berücksichtigt.

Clausewitz' Begriff der Friktion hängt eng zusammen mit seiner theoretischen Definition des Krieges. Clausewitz definiert den Krieg als »Zweikampf« (VK, 191). Für ihn ist Kampf »allein das wirksame Prinzip in der mannigfaltigen Tätigkeit, die man in der weiteren Bedeutung Krieg nennt« (VK, 269).[9] Aus dieser theoretischen Bestimmung des Krieges als Kampf leitet Clausewitz die Besonderheiten des Kriegführens als praktischer Tätigkeit ab. Er betont besonders die Rolle von drei Faktoren: erstens Gefühle und »geistige« Kräfte, zweitens beständige Wechselwirkung und »lebendige Reaktion« des Gegenübers, drittens Unsicherheit und Unbestimmtheit (VK, 283–289). Genau diese drei Faktoren sind es, die auch die Friktion erzeugen – die den Krieg als Tätigkeit verschieden machen von den berechenbaren Bewegungen einer Maschine. Friktion ist also der Kern bzw. das Wesen des Kämpfens als praktische Tätigkeit. Friktion ist der Faktor, mit dem wir immer rechnen müssen, wenn wir uns auf einen Kampf einlassen und uns damit in eine Situation begeben, in der uns andere lebendige Kräfte entgegenstehen. Diese allgemeine, abstrakte Einsicht realisiert sich im Krieg in drei konkreten Faktoren, die Clausewitz im Einzelnen diskutiert: Gefahr, Anstrengung und Ungewissheit. Alle drei werde ich im Folgenden etwas ausführlicher erläutern, weil sie die Wirkung der Friktion veranschaulichen.

Im Krieg handelt man unter der Bedingung einer Gefahr für Leib und Leben. Man kann verletzt werden oder sterben. Clausewitz versucht deutlich zu machen, dass sich dies leichter sagen als wirklich nachvollziehen lässt. Um zu veranschaulichen, was die Gefahr bedeutet, beschreibt er eine mögliche Erfahrung, die jemand, der als Soldat zum ersten Mal einen Krieg wirklich erlebt, machen könnte: »Begleiten wir den Neuling auf das Schlachtfeld. Wenn wir uns demselben nähern, so wechselt der immer deutlicher werdende Donner des Geschützes endlich mit dem Heulen der Kugeln, welches nun die Aufmerksamkeit des Unerfahrenen auf sich zieht. Kugeln fangen an, nahe vor und hinter uns einzuschlagen. Wir eilen zu dem Hügel, auf welchem der kommandierende General mit seinem zahlreichen Gefolge hält. Hier wird das nahe Einschlagen der Kanonenkugeln, das Zerspringen der Granaten schon so häufig, dass der Ernst des Lebens sich durch das jugendliche Phantasiebild hindurchdrängt.

Plötzlich stürzt ein Bekannter – es schlägt eine Granate in den Haufen und bringt einige unwillkürliche Bewegung hervor – man fängt an zu fühlen, dass man nicht mehr völlig ruhig und gesammelt ist; auch der Bravste wird wenigstens etwas zerstreut.« (VK, 253–4) Mit seiner Beschreibung zieht uns Clausewitz immer näher hinein in das gefahrvolle Geschehen des Krieges, immer näher an die Frontlinie: »hier ist die Luft erfüllt von zischenden Kugeln, die ihre Nähe bald durch den kurzen scharfen Laut verkünden, womit sie zollweit an Ohr, Kopf und Seele vorüberfliegen. Zum Überfluß schlägt das Mitleiden über den Anblick der Verstümmelten und Hinstürzenden mit Jammerschlägen an unser klopfendes Herz.« (VK, 254) Mit diesen Worten, mit diesem Ausmalen einer möglichen Erfahrung, versucht Clausewitz deutlich zu machen, dass sich das Wort »Gefahr« zwar leicht aussprechen lässt, dass damit aber noch nicht beschrieben und theoretisch erfasst ist, was diese Gefahr tatsächlich für die bedeutet, die im Krieg kämpfen. Die tatsächliche Gefahr, die auf dem Schlachtfeld herrscht, hat erhebliche Auswirkungen auf die Fähigkeit zu urteilen und zu handeln: »Keine dieser verschiedenen Dichtigkeitsschichten der Gefahr wird ein Neuling berühren, ohne zu fühlen, dass das Licht der Gedanken sich hier durch andere Mittel bewege und in anderen Strahlen gebrochen werde als bei der speculativen Tätigkeit; ja, es müsste ein sehr außerordentlicher Mensch sein, der bei diesen Eindrücken nicht die Fähigkeit zu einem augenblicklichen Entschluss verlöre.« (VK, 254) Unter den Bedingungen der Gefahr ist es schwer, klar zu denken und entschlossen zu handeln.

Nicht nur die Gefahr, auch die körperliche Anstrengung erzeugt eine solche Friktion. Auch sie hat eine verändernde Wirkung auf die Überzeugungen, die wir, als die Dinge noch nicht anstrengend waren, für definitiv und unabänderbar gehalten haben mögen. Wiederum illustriert Clausewitz die Friktion, die

die Anstrengung im Krieg erzeugt, indem er eine mögliche Situation beschreibt, in der wir diese Wirkung konkret spüren können: »Wenn niemand ein Urteil über kriegerische Ereignisse anders fällen dürfte als in dem Augenblick, wie er von Frost erstarrt oder vor Hitze und Durst verschmachtend, von Mangel und Müdigkeit niedergedrückt ist, so würden wir zwar noch weniger Urteile haben, die objektiv richtig wären, aber sie würden es wenigstens subjektiv sein, d.h. sie würden das Verhältnis des Urteilenden zum Gegenstande genau in sich enthalten.« (VK, 256)[10] Kälte und Hitze, Hunger und Durst, Müdigkeit und Erschöpfung führen dazu, dass der objektive Blick der Kämpfenden getrübt ist. Sie sehen nicht mehr richtig, wie die Situation beschaffen ist, in der sie sich befinden. Ihre Urteilskraft ist beeinträchtigt. Ihre Urteile sind zwar »subjektiv« aussagekräftig, weil sie über die Gefühle der Kämpfenden und die tatsächliche Erfahrung des Kämpfens Auskunft geben. Aber »objektiv« taugen sie weniger, weil sie von den Anstrengungen zeugen, denen die Urteilenden ausgesetzt sind, anstatt von tatsächlichen Fakten. Die körperliche Anstrengung legt sich gewissermaßen wie eine einheitliche Farbe über das differenzierte Bild der Situation, in der sich die Kämpfenden befinden. Sie radiert die Farbvielfalt aus, die wir für ein objektives Urteil wahrnehmen müssten, und ersetzt sie durch nur eine überwältigende Farbe. »Hunger! Die Lage ist schrecklich!«, könnte etwa ein Kämpfender leicht denken – oder mehr fühlen als denken. Zumindest müssen wir im Krieg mit dieser Wirkung der körperlichen Anstrengung, mit dieser Friktion, rechnen. Und sie tatsächlich zu berechnen ist schwierig, weil es um Gefühle geht und dafür »keine Polizeitaxe ein Maß festsetzen kann« (VK, 256).

Zur Gefahr und zur körperlichen Anstrengung kommt als dritte Friktion die Ungewissheit unseres Wissens. Clausewitz spricht davon im Kapitel »Nachrichten im Kriege«: »Mit dem

Worte Nachrichten bezeichnen wir die ganze Kenntnis, welche man von dem Feinde und seinem Lande hat, also die Grundlage aller eigenen Ideen und Handlungen.« (VK, 258) Clausewitz betont, dass die spezifische Ungewissheit, die der Krieg erzeugt, nicht nur darin besteht, dass wir nicht wissen, was der Fall ist. Vielmehr ist es sogar so, dass im Krieg die meisten Nachrichten falsch sind. Clausewitz bringt dies in Zusammenhang mit der Praxis der Kommunikation – damit, dass unser Bild der Lage stets zusammengesetzt ist aus Nachrichten, die von Menschen an Menschen weitergegeben und dabei verändert werden. Neue Nachrichten machen einen gewöhnlich »wankend«, nicht sicher (VK, 234). Dies trägt wesentlich zu dem bei, was Clausewitz in einer bekannten Metapher den »Nebel« des Krieges nennt (VK, 233). Man muss bei seinen Worten an das Spiel Flüsterpost denken, wenn er schreibt: »In der Regel ist jeder geneigt, das Schlimme eher zu glauben als das Gute; jeder ist geneigt, das Schlimme etwas zu vergrößern, und die Gefährlichkeiten, welche auf diese Weise berichtet werden, ob sie gleich wie die Wellen des Meeres in sich zusammensinken, kehren doch wie jene ohne sichtbare Veranlassung immer von neuem zurück.« (VK, 259) Wie Meereswellen das Wasser, so türmen Nachrichten bestimmte, isolierte Gesichtspunkte zu drückenden Bedrohungen auf, die dann wiederum plötzlich in sich zusammenbrechen, wenn man endlich die Chance hat, sich ein Bild der tatsächlichen Lage zu machen.[11] »Noch nie«, so hält Clausewitz fest, ist deshalb »eine einigermaßen wichtige Untenehmung ausgeführt worden [...], wo der Befehlshaber nicht in den ersten Momenten der Ausführung neue Zweifel bei sich zu besiegen gehabt hätte.« (VK, 259) Und: »Gewöhnliche Menschen, die fremden Eingebungen folgen, werden daher meist unschlüssig an Ort und Stelle.« (VK, 259) Immer wieder findet man im Krieg die Lage anders vor als erwartet, immer wieder verändern neue Nachrichten das Bild der Situation. Der Handelnde im Krieg wird deshalb »leicht an seiner vorigen Meinung irre« (VK, 259). Dagegen hilft ihm, so Clausewitz, nur eins: »Festes Vertrauen zu sich selbst muss ihn gegen den scheinbaren Drang des Augenblicks wappnen.« (VK, 259)

Die Einzelheiten von Clausewitz' Beschreibung der drei Friktionen Gefahr, Anstrengung und Ungewissheit sind größtenteils veraltet. Sie charakterisieren den Krieg zu Clausewitz' Zeiten, der mit Kanonenkugeln ausgefochten wurde und in dem Nachrichten von persönlichen Kurieren überbracht wurden. Aber Clausewitz' abstrakte theoretische Einsicht in das, was die Praxis des Kriegführens ausmacht, trifft allgemeiner auf alle Konfliktsituationen zu, in denen Menschen gegeneinander kämpfen. In Konfliktsituationen führt gewöhnlich kein gerader Weg vom Plan zur Umsetzung. Das scheinbar Leichte ist schwierig. Diese Friktion entsteht daraus, dass menschliches Handeln nicht im Voraus berechnet werden kann wie die mechanischen Bewegungen einer Maschine. Alles hängt von den Persönlichkeiten ab, die (auf beiden Seiten!) beteiligt sind – von ihren Gefühlen, Stimmungen und Urteilen, von ihren Ängsten (Gefahr), körperlichem Zustand (Anstrengung) und ihrem eingeschränkten Wissen (Ungewissheit). Mit dieser allgemeinen Friktion muss man rechnen, wenn man sich entschließt, für etwas zu kämpfen. Man muss damit rechnen, dass eine enorme Kluft herrscht zwischen »Entwerfen und Ausführen« (VK, 260) – zwischen dem, was man sich vornimmt, und dem, was sich praktisch erreichen lässt.

Friktion ist das, was sich wie ein Keil zwischen Absicht und Ausführung schiebt. Wenn wir durch unser Handeln versuchen, unsere Pläne umzusetzen, werden wir mit Widerständen konfrontiert. Wir erwarten gewisse Dinge, aber wir begegnen dem Unerwarteten. Clausewitz spricht davon, dass neben Gefahr, Anstrengung und Ungewissheit auch der Zufall als viertes Element die »Atmosphäre« des Kriegs charakterisiert (VK, 237).

Der Zufall ist nicht eine Friktion im engeren Sinn wie die drei anderen. Aber er verkörpert die Rolle des Unerwarteten und Unvorhersehbaren – von Überraschungen und erstaunlichen Wendungen, von plötzlich auftretenden, unerwarteten Hindernissen oder Chancen. Allgemeiner lässt sich sagen, dass die Grundbedingung kriegerischen Handelns die beständige Konfrontation mit dem Unerwarteten ist. Diese Grundbedingung erfordert von den Kämpfenden spezifische Qualitäten oder Tugenden, die Clausewitz in seiner Charakterisierung des »kriegerischen Genies« beschreibt.

1.3 Genie

Das Genie, das die Praxis des Kriegführens meistert, kann mit den Schwierigkeiten dieser Praxis gut und erfolgreich umgehen. Anders gesagt: Das Genie meistert die Friktion. Es radiert ihre Effekte nicht aus, es bringt die Friktion nicht zum Verschwinden. Das Genie ist nicht reine Perfektion, nicht reine Vollkommenheit. Nein, das Geniale, das genial Virtuose des Genies ist seine Fähigkeit, mit dem stets und überall Unvollkommenen produktiv umzugehen. Clausewitz spricht von der »Besiegung des Unerwarteten« (VK, 237), die dem Genie gelingt. Damit ist kein endgültiger Sieg gemeint, kein Ende der Rolle des Unerwarteten. Gemeint ist vielmehr eine Art »Geistesgegenwart« (VK, 237), die es dem Genie erlaubt, immer wieder neu, in jeder neuen Situation auf das Unerwartete angemessen zu reagieren.

Der Begriff »Genie« (oder auch »kriegerischer Genius«) bezeichnet einen bestimmten idealen Persönlichkeitstyp, der sich im Kampf bewährt und ihn besonders erfolgreich führt. Im Fokus von Clausewitz' Analyse stehen Personen, die Verantwortung tragen, die Entscheidungen treffen – im Krieg konkret diejenigen, die an der Spitze eines militärischen Kontingents stehen oder eine Operation befehligen. Clausewitz bespricht in seinem Buch auch das, was er die »kriegerische Tugend des Heeres« nennt – also gewissermaßen den kollektiven Charakter einer Gruppe von Menschen, die gemeinsam erfolgreich kämpft. Aber die Perspektive, die er zu ergründen sucht, ist doch primär die des eigenverantwortlichen Entscheidungsträgers.

Das Genie besitzt eine Reihe von Eigenschaften und persönlichen Qualitäten, die es ihm ermöglichen, unter schwierigen Bedingungen die richtigen Entscheidungen zu treffen – oder kürzer: unter Druck das Richtige zu tun. Clausewitz betont, dass ein solches Genie nicht nur durch eine vorherrschende Eigenschaft wie etwa Mut charakterisiert ist. Nein, es ist »ein harmonischer Verein der Kräfte« (VK, 232), der das Genie auszeichnet. Das Genie besitzt Qualitäten sowohl des Verstandes als auch des Gemüts. Oder zeitgemäßer ausgedrückt: Das Genie besitzt sowohl rationale als auch emotionale Fähigkeiten. Es ist eine Verbindung von Denken und Fühlen, von Analysefähigkeit und Intuition, von klarem Kopf und Bauchgefühl, die das Wesen des Genies charakterisiert. In Clausewitz' eigenen Worten: eine »Legierung von Gemüt und Verstand« (VK, 252). Nur eine solche Verbindung von Verstand und Gefühl begründet die Fähigkeit, unter Bedingungen der Friktion richtig auf Herausforderungen zu reagieren. Allein ein genialer Intellekt ließe sich von den Problemen, die die Friktion beständig erzeugt, zu leicht verunsichern; das Genie braucht eine Art emotionale Festigkeit, eine Sicherheit des Gefühls.

Clausewitz stellt ausführliche Überlegungen zu den Eigenschaften des Genies an. Er diskutiert eine Reihe von Eigenschaften, die sich gegenseitig stützen und bestärken. Clausewitz' Überlegungen lassen sich zu der These systematisieren und zusammenfassen, dass vor allem drei Qualitäten eine erfolgreich kämpfende Person charakterisieren: erstens Urteilskraft oder die Fähigkeit, die jeweilige Lage richtig einzuschätzen; zweitens Entschlossenheit oder die Fähigkeit, mit Kraft und Energie zu handeln; drittens Selbstsicherheit oder die Fähigkeit, an den eigenen Überzeugungen auch unter großer Belastung festzuhalten. Clausewitz' Ausführungen zu diesen drei grundlegenden Fähigkeiten basieren sicher auf seiner Beobachtung militärischer und politischer Konfrontationen im Preußen seiner Zeit. Aber zugleich kommen in diesen Ausführungen Grundmerkmale des erfolgreichen Kämpfens zum Ausdruck, die allgemeinere Gültigkeit besitzen. Die drei Tugenden bezeichnen allgemeiner diejenigen Qualitäten, die man in der Tat in all denjenigen Situationen gut brauchen kann, deren spezifisches Merkmal Friktion – also eine Kluft zwischen Absicht und Ausführung – ist.

Die erste Fähigkeit, die man braucht, um gut und erfolgreich zu kämpfen, ist die Gabe, rasch zu erkennen, was in einer bestimmten Situation das Wesentliche ist. Das Genie besitzt ein treffendes, geübtes Urteil oder »Takt des Urteils« (VK, 369). Clausewitz benutzt einen französischen Ausdruck, um diese intuitive, durch Übung und Erfahrung geschulte Fähigkeit zu beschreiben: »coup d'œil« (VK, 234). Ein »coup d'œil« ist wörtlich ein kurzer, rascher Blick. Metaphorisch beschreibt der Ausdruck die Fähigkeit, treffsicher und schnell das Wichtige zu erkennen, obwohl Angst, Anstrengung und Ungewissheit auf allen Beteiligten lasten und ihre Blicke trüben. Das Genie besitzt einen Verstand, »der auch in dieser gesteigerten Dunkelheit nicht ohne einige Spuren inneren Lichts ist, die ihn zur Wahrheit führen« (VK, 234). Mit nur einem Blick erkennt das Genie die Wahrheit. Und dieses Erkennen ist nicht rein rational, es ist zugleich rational und emotional. Es ist »immer nur ein Ahnen und Herausfühlen der Wahrheit, nach welcher gehandelt werden muss« (VK, 245). Ohne diese Fähigkeit, die Wahrheit herauszufühlen und herauszuspüren, kann man in einer Praxis, in der man stets mit dem Unerwarteten konfrontiert ist, nicht bestehen. Man muss rasch einschätzen können, was der Fall ist. Man kann nicht überlegen, man kann keine Liste aller Details machen und mühsam versuchen, Zusammenhänge rational zu erkennen. Man muss spontan das Richtige wahrnehmen. Man braucht, um diesen modernen Ausdruck noch einmal zu verwenden, Intuition, man braucht ein starkes Bauchgefühl. Der »coup d'œil« ist »nichts als das schnelle Treffen einer Wahrheit, die einem gewöhnlichen Blick des Geistes gar nicht sichtbar ist oder es erst nach langem Beraten und Überlegen wird« (VK, 235).

Die Urteilskraft des Genies hilft ihm, sich rasch in der Welt zu orientieren. Dazu gehört auch ein Sinn für den Ort, an dem man sich befindet. Clausewitz definiert den Ortssinn als das »Vermögen, sich von jeder Gegend schnell eine richtige geometrische Vorstellung zu machen und als Folge davon sich in ihr jedesmal leicht zurechtzufinden« (VK, 247). Hierfür benötigt das Genie laut Clausewitz eine Gabe, die für Kämpfende ansonsten eher hinderlich ist – nämlich Fantasie. Die Fantasie ist nötig, weil nur sie aus den einzelnen Sinneseindrücken des Ortes, an dem man sich befindet, schnell ein bleibendes Ganzes machen kann: »dass dies Ganze nun lebhaft vor die Seele trete, ein Bild, eine innerlich gezeichnete Karte werde, dass dies Bild bleibend sei, die einzelnen Züge nicht immer wieder auseinanderfallen, das vermag nur die Geisteskraft zu wirken, die wir Fantasie nennen« (VK, 247–8). Die Fantasie ist notwendig, um den Ort, an dem man handelt, angemessen beurteilen zu können.

Allein die Fähigkeit zum treffenden Urteil reicht dem Genie aber nicht, denn »wir sehen die gescheitesten Leute oft ohne Entschluss« (VK, 235). Das Genie braucht nicht nur »einige Spuren des inneren Lichts«, die ihm in der Düsternis des Konflikts helfen; es braucht auch »Mut, diesem schwachen Lichte zu folgen«

(VK, 234). Es braucht, in einem Wort, »Entschlossenheit« (VK, 234). Clausewitz bezeichnet die Entschlossenheit als eine bestimmte Art des Mutes – »nicht der Mut gegen körperliche Gefahr, sondern der gegen die Verantwortung, also gewissermaßen gegen Seelengefahr« (VK, 235). Dieser Mut richtet sich gegen den Zweifel in der eigenen Seele. Er richtet sich gegen die überwältigenden Gefühle, die einem verlockend einflüstern, man könne sich im Angesicht aller Probleme, aller Ausgezehrtheit und Müdigkeit, aller Ängste einfach nur seinen Instinkten hingeben und davonlaufen oder die Meinung des aufgeregtesten Mitstreiters einfach akzeptieren. Wie der »coup d'œil«, wie die Urteilskraft, so ist auch die Entschlossenheit eine Eigenschaft, die zwischen Verstand und Gemüt angesiedelt ist, die sowohl Denken als auch Fühlen einbezieht. Im Moment der Entscheidung selbst ist sie primär ein »Akt« des Gemüts, »weil im Drange des Augenblicks Gefühle den Menschen stärker beherrschen als Gedanken« (VK, 235). Aber gleichzeitig entsteht die Entschlossenheit erst durch einen »Akt des Verstands, der die Notwendigkeit des Wagens zum Bewusstsein bringt und durch sie den Willen bestimmt« (VK, 236). Clausewitz erklärt: »Diese ganz eigentümliche Richtung des Verstandes, die jede andere Scheu im Menschen niederkämpft mit der Scheu vor dem Schwanken und Zaudern, ist es, welche in kräftigen Gemütern die Entschlossenheit ausbildet.« (VK, 236) Oder anders: »Der Verstand muss also erst das Gefühl des Muts erwecken, um [in der Not] von ihm gehalten und getragen zu werden.« (VK, 235) Zentral scheint mir hier, dass die Entschlossenheit jeweils einem »Akt« gleichkommt, sozusagen einem mit klarem Verstand getroffenen Entschluss, »die Notwendigkeit des Wagens« zu akzeptieren – gewissermaßen einem Entschluss, entschlossen zu sein.

Entschlossenheit ist eine Art Handlungskraft, sie ist Befähigung zum Handeln. Diese Fähigkeit wird befeuert von einer

Energie, die vor allem aus persönlichem Ehrgeiz resultiert. Clausewitz sieht es so: »Die Energie des Handelns drückt die Stärke des Motivs aus, wodurch das Handeln hervorgerufen wird, das Motiv mag nun in einer Verstandesüberzeugung oder in einer Gemütsregung seinen Grund haben.« (VK, 239) Die Energie des Handelnden wird durch einen starken Beweggrund motiviert, und Clausewitz räumt sofort ein, kein Motiv sei »so mächtig und konstant wie der Seelendurst nach Ruhm und Ehre, den die deutsche Sprache so ungerecht behandelt« (VK, 239). Die deutsche Sprache verbindet diesen Seelendurst mit Geiz und Sucht, mit »Ehrgeiz und Ruhmsucht« (VK, 239). Es ist dieser Geiz, es ist diese Sucht, sich vor anderen auszuzeichnen, es ist »das Verlangen mehr zu wollen als die Gefährten« (VK, 240), der das Genie wesentlich motiviert. Das Genie möchte in seiner Virtuosität erkannt werden, es möchte gefeiert werden, und Clausewitz schlägt vor, dass dies keine schlechte Eigenschaft ist, sondern im Gegenteil »zu den edelsten der menschlichen Natur zählt« (VK, 240). Ehrgeiz ist der »eigentümliche Lebenshauch« vieler Dinge, der »den einzelnen kriegerischen Akt zum Eigentum des Anführers macht, welches er dann auf die beste Weise zu nutzen strebt, wo er mit Anstrengung pflügt, mit Sorgfalt sät, um reichlich zu ernten« (VK, 240). Hier geht es nicht um bloße Selbstsucht oder pures Eigeninteresse. Hier geht es um den Wunsch, vor anderen zu glänzen, vor ihnen als einzigartig zu erscheinen und die eigenen Qualitäten auch im Handeln zum Vorschein zu bringen, sie manifest zu machen.[12] Dieser Wunsch motiviert das Genie. Er gibt ihm eine Energie, die – behauptet Clausewitz – viel stärker ist als die, welche aus Motiven wie »Vaterlandsliebe, Ideenfanatismus, Rache, Begeisterung jeder Art« (VK, 240) entsteht.

Das Genie besitzt die Gabe zur treffenden, schnellen Situationsbeurteilung; es besitzt die Kraft, unter der Last der Verantwortung entschlossen und mit Energie zu handeln. Diese beiden Fähigkeiten, Urteilskraft und Entschlossenheit, sind eng verbunden mit einer dritten, entscheidenden Gabe, die Clausewitz schon an Scharnhorst bewunderte: Unabhängigkeit der Meinung. Clausewitz zählt auf: »Festigkeit, Standhaftigkeit, Gemüts- und Charakterstärke« (VK, 238). Ohne starke Überzeugungen, die sich von Katastrophennachrichten, von den wechselnden Meinungen und Gefühlen anderer und auch von den eigenen Gefühlen nicht leicht umstoßen lassen, kann es dem Handelnden nie und nimmer gelingen, die Friktion zu besiegen. Clausewitz beschreibt recht dramatisch, welche enorme Standfestigkeit ein Anführer im Krieg in schwierigen Situationen braucht, unter dem »Gesamteindruck aller ersterbenden physischen und moralischen Kräfte«, beim »herzzerreißenden Anblick der blutigen Opfer«, der auf ihm und allen Untergebenen lastet: »Sowie die Kräfte in dem einzelnen ersterben, diese nicht mehr vom eigenen Willen angeregt und getragen werden, lastet nach und nach die ganze Inertie der Masse auf dem Willen des Feldherrn; an der Glut in seiner Brust, an dem Lichte seines Geistes soll sich die Glut des Vorsatzes, das Licht der Hoffnung aller anderen neu entzünden.« (VK, 239) Selbst wenn alle die Hoffnung aufgeben, so muss doch der Verantwortliche die Kraft besitzen, weiter seiner eigenen Hoffnung zu glauben und damit die aller anderen wiederzubeleben. Dazu braucht er einerseits Entschlossenheit, Energie, Ehrgeiz (siehe oben) – aber er braucht andererseits auch eine enorme Gemütsruhe, eine Gefühlsbalance, ein großes Selbstgefühl, oder anders gesagt: »das Vemögen, auch bei den stärksten Anregungen, im Sturm der heftigsten Leidenschaft, noch dem Verstande zu gehorchen« (VK, 241). Dieses Vermögen zeichnet den Menschen als Menschen aus, als vernunftbegabtes Wesen: »Dieses Gleichgewicht ist nichts anderes als das Gefühl der Menschenwürde, dieser edelste Stolz, dieses innerste Seelenbedürfnis, überall als ein mit Einsicht und Verstand begabtes Wesen zu wirken.« (VK, 241) An dem Punkt also, wo Clausewitz nach der entscheidenden Fähigkeit des Genies sucht – nämlich der, die ihm hilft, der beständigen Verunsicherung durch die Friktionen zu widerstehen, den ständig wiederkehrenden Hindernissen, unerwarteten Ereignissen und überwältigenden Gefühlen –, findet er den Ruhepunkt des Genies in dessen Gefühl der Menschenwürde, dessen Bewusstsein, »überall als ein mit Einsicht und Verstand begabtes Wesen zu wirken« – das Gefühl der Selbstwirksamkeit und Selbstbestimmtheit.

Der Clausewitz'sche Gedanke, dass man als Befehlshaber, dessen Anordnungen den Tod von Menschen zur Folge haben können, so etwas wie Würde und Freiheit erfahren kann, ist zunächst irritierend. Wer als Offizier diese Verantwortung ernst nimmt, wird zunächst nicht Freiheit, sondern Tragik, Verlust und Ohnmachtsgefühle erfahren. Aber irgendwie scheint Clausewitz' Punkt zu sein, dass Freiheit gerade in Situationen emotionaler Belastung, in denen Entscheidungen großer Tragweite getroffen werden müssen, deren Konsequenzen nicht voll erfasst werden können und die immer jenseits der mit ihnen verbundenen Intention liegen werden, erfahren und errungen werden kann. Es geht mir hier wohlgemerkt nicht um eine moralische Bewertung des Handelns von preußischen Generälen. Worum es mir an dieser Stelle geht, ist der Gedanke, dass eine zentrale Fähigkeit, die man braucht, wenn man sich entschließt, für etwas zu kämpfen, Selbstbestimmtheit ist. Man braucht Zugang zum eigenen Inneren und Vertrauen zu sich selbst. Und man wird – auch dies ist ein Clausewitz'scher Gedanke – diese Qualität nicht ausbilden, wenn man sich schont und zurückhält. Man wird sie gerade dann ausbilden, wenn man für die eigenen Überzeugungen einsteht und bereit ist, für sie zu kämpfen. Freiheit ist sowohl Voraussetzung als auch Ergebnis des Kämpfens.

Aber was ist mit Freiheit oder Selbstbestimmtheit eigentlich gemeint? Wichtig ist, dass das Clausewitz'sche Genie starke Überzeugungen nicht allein aus gefühlsmäßiger Gewohnheit hat. Es beharrt nicht auf seinen Meinungen, weil es aus Bequemlichkeit seine Ansichten nicht ändern möchte. Die virtuose Kämpferin besitzt einen klaren, kräftigen Verstand, aber sie besitzt auch Charakter. Es gibt sehr kluge Menschen, die, wie Clausewitz scharf beobachtet, »aus der eigenen fortwirkenden Tätigkeit des Verstandes« ihre Meinung beständig wechseln. Aber »offenbar wird man von einem Menschen, der seine Ansicht alle Augenblicke ändert, wie sehr dies auch aus ihm selbst hervorgehen mag, nicht sagen: er hat Charakter« (VK, 244). Die Genialität der erfolgreich Kämpfenden liegt gewissermaßen darin, dass sie nicht aus Gewohnheit, sondern aus Einsicht an ihren Überzeugungen festhält. Das Genie hat Grundsätze. Es hat sich nach klarem und tiefem Nachdenken dazu entschlossen, an bestimmten Prinzipien festzuhalten. An diesen »liegt sozusagen die Meinung über den vorliegenden individuellen Fall vor Anker« (VK, 245). Und dieser Anker muss sehr fest sein, denn »das Halten an diesen Resultaten eines früheren Nachdenkens gegen den Strom der Meinungen und Erscheinungen, welchen die Gegenwart herbeiführt, ist eben die Schwierigkeit« (VK, 245). Clausewitz empfiehlt einen Grundsatz, den man unbedingt berücksichtigen sollte, um als Kämpfender zu bestehen: »der Grundsatz, bei allen zweifelhaften Fällen bei seiner ersten Meinung zu beharren und nicht eher zu weichen, bis eine klare Überzeugung dazu zwingt« (VK, 245). Und weiter: »Man muss stark sein in dem Glauben an die bessere Wahrheit wohlgeprüfter Grundsätze und bei der Lebhaftigkeit der augenblicklichen Erscheinungen nicht vergessen, dass ihre Wahrheit von einem geringeren Gepräge ist.« (VK, 245) Nur ein Mensch, der Grundsätze hat und sie im Handeln befolgt, besitzt Charakter. Nur ein solcher Mensch, der in der Tiefe des eigenen Selbst beschließt, bestimmten Grundsätzen zu folgen und nicht anderen – nur einer solcher Mensch gewinnt die individuelle Sicherheit, die es ihm erlaubt, gut und erfolgreich zu kämpfen.

Mit seiner Charakterisierung des Genies beschreibt Clausewitz eine bestimmte Art der persönlichen Haltung oder Ausrichtung – »Richtung« ist der Ausdruck, den er selbst oft gebraucht. Es geht ihm um die Haltung des erfolgreich Kämpfenden in einer durch Friktionen gezeichneten Welt. Diese Haltung bringt eine bestimmte, allgemeine Qualität des Menschseins zur Geltung: nämlich die Widerstandskraft gegen die Friktionen, gegen die Unsicherheiten, gegen die gefühlsmäßigen und körperlichen Belastungen des Kriegführens. Im Angesicht dieser Friktion steht das Genie fest und sicher. Es ahnt mehr als es weiß, in welcher Lage es sich befindet; es folgt seiner Intuition mit Entschlossenheit im Handeln; es ruht in sich, bleibt bei seinen Grundsätzen, die es tief verwurzeln, und lässt sich von den Stürmen, die an der Oberfläche toben, davon nicht abbringen – zumindest bis zu dem Moment, in dem es selbst die klare Überzeugung gewinnt, nun sei ein anderes Handeln wirklich nötig. Starke Wurzeln charakterisieren das Genie und zugleich die Fähigkeit, sich auf das Neue und Unerwartete einzulassen, auf es einzugehen. Die Pointe, auf die Clausewitz' Idealisierung des Genies zuläuft, ist tatsächlich diese: dass es gerade in einer schnelllebigen, durch unerwartete Veränderungen charakterisierten Praxis auf das Beharrungsvermögen des Menschen ankommt, auf seinen sicheren Stand, der in seiner individuellen Menschlichkeit begründet ist – darin, dass er sich selbst kennt und die Prinzipien, die ihn im Innersten ausmachen.

Die drei Qualitäten des Genies hängen eng miteinander zusammen. Für Clausewitz sind sie, wie oben schon bemerkt, ein »harmonischer Verein der Kräfte« (VK, 232). Das herausragende

Merkmal, das Personen auszeichnet, die gut und erfolgreich kämpfen können, ist die Selbstbestimmheit sowohl ihres Urteils als auch ihres Handelns in Situationen großer äußerer Belastung. Sie besiegen die Friktion nicht deshalb, weil sie alle Hindernisse spielend leicht beiseiteräumen, sondern weil sie gerade im Angesicht der größten Schwierigkeiten weder an der Welt noch an sich selbst verzweifeln. Es geht hier keineswegs um einen unbedingten Durchhaltewillen, ein eisernes Widerstehen in hoffnungsloser Lage. Es geht um etwas anderes. Es geht darum, sich im Handeln von Grundsätzen leiten zu lassen und sich von ihnen nicht vorschnell durch innere oder äußere Verunsicherung abbringen zu lassen – »nicht eher zu weichen, bis eine klare Überzeugung dazu zwingt« (VK, 245). Diese Selbstbestimmtheit ist es letztlich, mit der die verantwortliche Entscheidungsträgerin die Fähigkeit gewinnt, die Friktion zu besiegen.

Liest man diese Darstellung von Charaktereigenschaften in einem Buch, dann mögen die angeblich genialen Eigenschaften gar nicht als sonderlich herausragend erscheinen. Die Aufgabe der genialen Kämpferin erscheint als viel einfacher denn die eines genialen Künstlers, der Werke erschafft, die die Welt noch nie gesehen hat. Das kämpfende Genie erschafft nichts Neues. Es hält nur im richtigen Maße fest an dem, was es sich vorab überlegt und vorab beschlossen hat. Was für eine scheinbar leichte Aufgabe! Aber um die treffenden Clausewitz'schen Sätze noch einmal zu zitieren: Genau »das Halten an diesen Resultaten eines früheren Nachdenkens [...] ist eben die Schwierigkeit« (VK, 245). Die Friktion des Handelns im zwischenmenschlichen Konflikt ist überwältigend stark. Man übersieht ihre Stärke leicht, wenn man sie noch nie persönlich konfrontiert hat. Man ahnt nicht, wie schwer es ist, im Wasser zu gehen, wenn man das Wasser nicht kennt und die Fortbewegung mit den eigenen Füßen nur an Land ausprobiert hat. Um gegen die Friktion anzukommen, braucht man spezifische, einzigartige – geniale – Qualitäten. Gegen sie hilft nicht die Fantasie eines genialen Romanschreibers und auch nicht die brillante Einsicht einer genialen Wissenschaftlerin. Ebenso wenig hilft ein bloßes Beharrungsvermögen wider besseres Wissen oder, um es umgangssprachlich auszudrücken, bloße Dickköpfigkeit. Sprudelndes, schnelles Denken ist nicht hilfreich, aber die Abwesenheit des Denkens ist es auch nicht. Was hilft, ist allein ein starker Kopf; ein tief verankertes, klares Denken. Im Kampf sind, so fasst es Clausewitz zusammen, »mehr die prüfenden als die schaffenden, mehr die umfassenden als einseitig verfolgenden, mehr die kühlen als die heißen Köpfe« (VK, 252) gefragt.

Die Erfahrung der Friktion ist nicht nur Hindernis für den Handelnden, sie ist zugleich die beste Lehrmeisterin der Tugenden des Handelns. Niemand wird mit der Fähigkeit geboren, den existenziellen Belastungen der Verantwortung achselzuckend zu begegnen, auch wenn es Menschen gibt, deren emotionale Verfasstheit dafür von Grund auf eher geeignet ist als die anderer (VK, 241–4). Nur »Gewohnheit stärkt den Körper in großen Anstrengungen, die Seele in großen Gefahren, das Urteil gegen den ersten Eindruck« (VK, 265). Nur die gewöhnte Pupille sieht in der Dunkelheit der Nacht, für das unerfahrene Auge ist alles »stockfinster« (VK, 265). Der Herausforderung, in einem Konflikt für die eigenen Überzeugungen einzustehen, obwohl die eigenen Absichten immer wieder auseinanderklaffen mit der Umsetzung, kann man nur dann erfolgreich begegnen, wenn man sich Konflikten auch aussetzt und Erfahrung im Handeln gewinnt. Aber die Eigenschaften des Genies können – davon ist Clausewitz überzeugt – nicht nur durch Erfahrung ausgebildet werden. Auch die richtige Art von Theorie kann auf die Friktion vorbereiten und geniale Fähigkeiten schulen.

1.4 Theorie als »Anhalt« für das Urteil

Unter den Bedingungen der Friktion, die sich wie ein Keil zwischen Absicht und Ausführung drängt, muss theoretisches Denken zunächst als relativ nutzlos erscheinen. Die Zeit zum Denken hat man nur vor der Tat, nicht bei ihrer Ausführung, wenn die Probleme des Augenblicks drängen. Aber alles, was man sich vor der Tat abstrakt überlegt, wird im Krieg durch unerwartete Geschehnisse infrage gestellt. Diejenigen, die die Praxis nicht kennen, tendieren deshalb dazu, Theorien zu entwickeln, die für die Praxis nicht taugen. Sie ignorieren das zentrale Hindernis der Praxis – die Friktion. Sie denken nicht daran – um Clausewitz Bild noch einmal aufzugreifen –, dass das Gehen im Wasser viel schwieriger ist als an Land. Daher kommt es, dass »Theoretiker, die selbst nie untergetaucht haben [...], unpraktisch und selbst abgeschmackt sind, weil sie nur das lehren, was ein jeder kann – gehen« (VK, 263). Aber umgekehrt wenden sich diejenigen, die die Friktion der Praxis selbst erfahren haben, von der Theorie ab. Weil sie den Krieg so kennen, wie er wirklich ist, haben sie am eigenen Leib erfahren, wie unpraktisch die abstrakten Denkgebäude sind, die sich Theoretiker in Büchern überlegen. Solche abstrakten Konstruktionen werden zu Hindernissen beim Handeln. Sie geraten in Widerspruch mit der zentralen Anforderung der Praxis – nämlich selbstbewusst und souverän auf das zu reagieren, was kein abstraktes Denken hat vorhersehen können. Praktiker tendieren deshalb dazu, alles dem Genie zuzuschreiben, »welches keiner Theorie bedarf, und für welches die Theorie nicht geschrieben sein sollte« (VK, 297). Für solche Praktiker erfordert die Praxis nur Intuition, nicht Abstraktion. Das Resultat ist eine Konstellation, die der Philosoph Ernst Vollrath so beschrieben hat: »Zwischen der Scylla der objektivistischen Theorie und der Charybdis der Unfähigkeit zu jeder Theorie und dem Sich-Überlassen an blinde Erfahrung scheint kein Weg gangbar und das gesamte Feld dieses Phänomens folglich nicht der Vernunft zugänglich.« (Vollrath 1984, 67)

Gegen diese Konstellation wendet sich Clausewitz. Er kritisiert einerseits die Theorien, die das Wesen der Praxis des Kriegs – die Friktion – ignorieren. Solche Theorien sind für Clausewitz illusionäre, irreführende Konstrukte. Marx hat Clausewitz als exemplarischen Fall eines Ideologiekritikers charakterisiert (vgl. Caygill 2013, 30). Clausewitz wendet sich gegen gedankliche Systeme, die ein falsches Bewusstsein der Praxis erzeugen. Nur wenig »kann mit diesen dunklen, halbwahren, verworrenen, willkürlichen Gedankengebäuden für das praktische Leben gewonnen werden«: »So wenig, dass die Theorie vielmehr dadurch, solange sie besteht, ein wahrer Gegensatz der Praktik und nicht selten der Spott derer geworden ist, denen im Felde eine große Tüchtigkeit nicht abzusprechen war.« (VK, 333) Aber andererseits kritisiert Clausewitz auch die Praktiker, die sich der Theorie verweigern. Zwar äußert er Verständnis für ihre Reaktion gegen die ideologischen Systeme – eine Reaktion, die er selbst teilt. Aber die Schlussfolgerung, die sie aus dieser Reaktion gezogen haben, »indem sie allen Glauben an die Theorie von sich wiesen und das Kriegführen für eine natürliche Funktion des Menschen hielten, die er mehr oder weniger gut machte, nur nachdem er mehr oder weniger Anlagen dazu mit auf die Welt gebracht« (VK, 297) – diese Schlussfolgerung, die die Befähigung zum Kämpfen als rein natürliche Eigenschaft verklärt, hält er für falsch. Denn »keine Tätigkeit des menschlichen Verstandes ist ohne einen gewissen Reichtum von Vorstellungen möglich, diese aber werden ihm, wenigstens dem größten Teil nach, nicht angeboren und machen sein Wissen aus« (VK, 297). Jene Praktiker, die die Theorie von sich weisen, verkennen, dass auch die Praxis des Kämpfens von Vorstellungen geleitet wird. »Es fragt sich also nur, welcher Art diese Vorstellungen sein sollen.« (VK, 297) Es geht darum, die »Art« dieser Vorstellungen richtig zu erkennen. Es geht darum, die Art und Weise eines theoretischen Denkens zu bestimmen, das mit der Praxis nicht in Widerspruch gerät.

Wie muss sie also aussehen, die Theorie, die für die Praxis nützlich ist? Wie ist sie beschaffen, diese Clausewitz'sche Praxistheorie? Nun, offensichtlich ist es so, dass diese Theorie nicht in Konflikt kommen darf mit dem, was die Praxis ihrem Wesen nach ist. Die Theorie muss also die Rolle der Friktion berücksichtigen. Sie muss berücksichtigen, dass im Kampf »alles unbestimmt ist und der Kalkül mit lauter veränderlichen Größen gemacht werden musste«; dass »der ganze kriegerische Akt von geistigen Kräften und Wirkungen durchzogen ist«; dass das Kämpfen keine »einseitige Tätigkeit«, sondern »eine beständige Wechselwirkung der gegenseitigen ist« (VK, 283). Die Theorie muss außerdem darum wissen, welche spezifischen Anforderungen die erschwerenden Bedingungen der Friktion an das Handeln stellen – kurz, sie braucht auch einen Begriff des Genies bzw. einen Begriff dessen, was virtuoses, exzellentes Handeln ist. Die Theorie muss anerkennen, dass »ein Handeln wie das kriegerische, was so häufig in seinem auf allgemeine Umstände gebauten Plan durch unerwartete individuelle Erscheinungen gestört ist, überhaupt mehr dem Talent überlassen bleiben muss«; dass solches Handeln »von einer theoretischen Anweisung weniger Gebrauch machen kann wie jedes andere«; dass es deshalb »eine reine Unmöglichkeit wäre, die Kriegskunst durch ein positives Lehrgebäude wie mit einem Gerüst versehen zu wollen, welches dem Handelnden überall einen äußeren Anhalt gewähren könnte« (VK, 289).

Die Theorie des Krieges erkennt das Wesen des Kriegs als einer spezifischen Form menschlichen Tätigseins. Dies ist die erste wichtige und grundlegende Einsicht von Clausewitz' Kriegstheorie. Sie lässt sich in Imperativen zusammenfassen wie »Kenne die Praxis!« oder »Wisse, was die Praxis ist!« Im II. Buch von *Vom Kriege*, dem Buch zur Theorie des Kriegs, verwendet Clausewitz viel Mühe darauf, die kriegerische Tätigkeit genau zu bestimmen und von anderen menschlichen Tätigkeiten zu unterscheiden. Darin sieht er »die Hauptaufgabe jeder Theorie, die Trennung des Ungleichartigen« (VK, 272). Dieses Buch beginnt mit der Bestimmung des Kriegs als Form des Kämpfens: »Krieg in seiner eigentlichen Bedeutung ist Kampf; denn Kampf ist allein das wirksame Prinzip in der mannigfaltigen Tätigkeit, die man in der weiteren Bedeutung Krieg nennt.« (VK, 269) Kriegerisch tätig zu sein bedeutet zu kämpfen. Das Kämpfen muss deshalb eine Theorie des Kriegs in seiner Spezifizität und Besonderheit erfassen. Sie muss genau unterscheiden, welche Tätigkeiten tatsächlich die Praxis des Kämpfens ausmachen und welche nicht. Seitenlang diskutiert Clausewitz, dass vorbereitende Tätigkeiten wie Ernährung oder Ausrüstung nicht genuin – d.h. ihrem Wesen nach nicht – zur Praxis des Kämpfens gehören (VK, 270–7). Solche Tätigkeiten erfordern ein anderes theoretisches Wissen als der Kampf selbst, etwa logistisches oder waffentechnologisches Wissen. Wer diesen Unterschied nicht versteht, der wird nie eine geeignete Theorie des Kriegs entwickeln können. »Wem dies alles nichts ist, der muss entweder gar keine theoretische Betrachtung gestatten, oder seinem Verstande müssen die verworrenen und verwirrten, auf keinen festen Punkt gestützten, zu keinem ruhigen Resultat gelangenden, bald platten, bald fantastischen, bald in leerer Allgemeinheit schwimmenden Vorstellungen noch nicht weh getan haben, die wir über die eigentliche Kriegführung deswegen so oft hören und lesen müssen, weil noch selten ein Geist wissenschaftlicher Untersuchung auf diesem Gegenstand geruht hat.« (VK, 278)

Die Theorie des Kriegs beschäftigt sich nur mit der Praxis des Kämpfens und betrachtet alles, was dem Kämpfen dient oder vorausgeht, als »gegebene Mittel« (VK, 270). Sie ist die Theorie einer Tätigkeit, die sich auf andere Menschen bezieht – darauf, wie Menschen gemeinsam (ob geeint durch Entschluss oder Befehl) gegen andere Menschen kämpfen. Dies ist es, was den Krieg der ökonomischen und mehr noch der politischen Interaktion so ähnlich macht, in denen ebenfalls andere Menschen der primäre Gegenstand des Handelns sind (VK, 303). Und aus dieser Einsicht – dass der Krieg »ein Akt des menschlichen Verkehrs« ist (VK, 303) – ergibt sich der Charakter des theoretischen Wissens, das ihm angemessen ist und ihn allein erfassen kann. Anders als bei Ingenieurstätigkeiten, die ein Wissen komplexer mechanischer Zusammenhänge voraussetzen, ist das Wissen, das die kämpfende Tätigkeit des Menschen erfassen und beschreiben kann, sehr einfach. Es ist ein Wissen, das sich über die Zeit nicht so stark verändert und differenziert wie handwerkliches oder technisches Wissen. Dieses Wissen besteht in tiefen, einfachen Einsichten darin, was es bedeutet, wenn Menschen gemeinsam gegen andere Menschen handeln. Es ist eine Art politische Weisheit, ein erfahrungsbasiertes und erfahrungsgesättigtes Wissen, das die Theorie des Krieges auszeichnet. Dieses Wissen ist zwar selbst einfach, aber es sich anzueignen ist dennoch nicht leicht, sondern schwierig. Man kann es nicht auswendig lernen. Man muss es sich selbst aneignen und es selbst verstehen und durchdringen. Die Theorie ist mehr eine Schule im Denken als ein Ergebnis des Denkens. Sie ist mehr Übung im Denken als ein System des Denkens.[13]

Clausewitz ist davon überzeugt, dass eine Theorie des Kriegs vor allem eines sein muss: eine bestimmte Form, eine bestimmte Art und Weise des Denkens. Dieses Denken, das allein der zwischenmenschlichen Interaktion gerecht werden kann, ist anders als das Denken, das man für andere Tätigkeiten benötigt. Es formuliert und durchdenkt Einsichten eines bestimmten Typs: einfache, klare und leicht verständliche Einsichten, die jede und jeder schnell verstehen kann. Aber gleichzeitig sind es Einsichten, die einem nicht die Entscheidung abnehmen, was die richtige Handlungsoption unter vielen ist. Es sind Einsichten, deren Beherzigung keineswegs wie von selbst ein kritisches Verständnis der Praxis erzeugt. Theoretische Einsichten weisen einen nur in die richtige Richtung, wenn sie verinnerlicht werden. Sie geben dann innere Ruhe und Stärke, die einem dabei helfen, die richtige Entscheidung zu treffen.

Die Theorie steht in einem bestimmten Bezug zu den praktischen, situationsbezogenen Urteilen der Handelnden. Sie räumt diesen Urteilen ihren Platz ein. Sie nimmt sie nicht vorweg. Wenn sie das täte, wenn die Theorie die Urteile der Handelnden vorwegnehmen würde, dann würde sie sogleich in Widerspruch mit der Praxis geraten. Das Wesen der Praxis besteht ja in der Konfrontation mit dem Unerwarteten. Um in dieser Konfrontation zu bestehen, benötigen diejenigen, die praktisch handeln, unabhängige Urteilskraft. Sie müssen geübt sein im selbstbestimmen Denken und Handeln. Eine Theorie, die mit der Praxis nicht in Widerspruch steht, erkennt die Bedeutung des praktischen Urteilsvermögens an. Sie erkennt an, dass in der Praxis Menschen mit wechselnden Gefühlen und eigenständigen Gedanken handeln. Sie weiß darum, dass im selbstbestimmten Urteil die höchste Virtuosität des Kämpfens zu finden ist und dass die, die keine geübte Urteilskraft haben, sondern immer nur bei denselben Routinen verharren, als Verantwortliche scheitern werden. Die Theorie wird deshalb »bei der Betrachtung und Untersuchung der Dinge stehenbleiben und sich begnügen, dem Handelnden zu jener Einsicht der Dinge zu verhelfen, die, in sein ganzes Denken verschmolzen, seinen Gang leichter und sicherer macht« (VK, 300). Die Theorie soll »eine Betrachtung und keine Lehre sein« (VK, 290). Sie soll eine »analytische Untersuchung des Gegenstands« sein und keine »Anweisung zum Handeln« (VK, 290). Als Betrachtung, als analytische Untersuchung, erzeugt die Theorie »Bekanntschaft« mit dem Gegenstand (VK, 290). Je mehr sich das Denken an Beispielen aus der Kriegsgeschichte schult, desto mehr führt es zur »Vertrautheit« mit dem Gegenstand (VK, 291).

Wer sich im theoretischen Denken schult, der gewinnt mit der Zeit das, was auch praktische Erfahrung ausbilden kann: Urteilskraft. Die Theorie ist »demjenigen ein Führer, der sich mit dem Kriege aus Büchern vertraut machen will; sie hellt ihm überall den Weg auf, erleichtert seine Schritte, erzieht sein Urteil und bewahrt ihn vor Abwegen« (VK, 291). So wie »ein weiser Erzieher die Geistesentwicklung eines Jünglings lenkt und erleichtert, ohne ihn darum das ganze Leben hindurch am Gängelbande zu führen«, so soll die Theorie »den Geist des künftigen Führers im Kriege erziehen oder vielmehr ihn bei seiner Selbsterziehung leiten« (VK, 291). Manchmal mag es dazu kommen, dass sich aus theoretischen Betrachtungen »Grundsätze und Regeln« für das Handeln wie von selbst bilden. Dann wird die Theorie solche Regeln eher zuspitzen und schärfen als verstecken. Aber sie tut dies nur, um im Denken Klarheit zu erzeugen, und nicht, um daraus »eine algebraische Formel für das Schlachtfeld zu bilden« (VK, 291). »Grundsätze und Regeln sollen dem denkenden Geiste mehr die Hauptlineamente seiner eingewohnten Bewegungen bestimmen als ihm in der Ausführung seinen Weg gleich Meßstangen bezeichnen.« (VK, 291–2) Theoretische Einsicht ist so etwas wie ein »Handgriff des Geistes« (VK, 401), eine Bewegungsroutine des Denkens. Die Theorie bietet Einsichten, die die Bewegungen des Denkens schulen, die den urteilenden Geist in die richtige Richtung weisen.

Die praxistaugliche Theorie erkennt man daran, dass sie eine Einsicht bietet, die, wenn sie in das Denken eingewoben und mit ihm verschmolzen wird, das praktische Handeln erleichtert. Eine solche Einsicht diktiert dem Handelnden nichts. Es ist eine theoretische Einsicht, die den Handelnden »nie zwingt, von sich selbst zu scheiden, um einer objektiven Wahrheit gehorsam zu sein« (VK, 300). Eine praxistaugliche Theorie erzeugt keine Spaltung zwischen selbstbestimmtem Urteil und objektiver Wahrheit; sie erzwingt nicht im Namen einer vorgeblich objektiven Wahrheit diese oder jene Handlung. Erst durch diese spezifische Qualität, diesen spezifischen Bezug auf die praktische Urteilskraft, erlangt die Theorie Wahrheit. Erst durch sie erkennt die Theorie die Wahrheit an, dass das Wesen der kriegerischen Praxis in ihrer Unbestimmtheit liegt und dass die Virtuosität, die man zu ihrer Beherrschung benötigt, in der menschlichen Freiheit besteht. Die Theorie, die mit der Praxis nicht in Widerspruch steht, muss eine sein, die das freie Urteilsvermögen unterstützt, ohne es einzuengen. Kürzer ausgedrückt ist ihr zentraler Wesenszug, dass sie »Anhalt für das Urteil« bietet (VK, 315), d.h. inneren Halt gibt für das eigenständige, selbstbestimmte Urteil derjenigen, die sich entweder kritisch mit spezifischen Ereignissen in der Geschichte auseinandersetzen oder aber selbst in einem Konflikt handeln.

Man erkennt also die Art und Weise des theoretischen Denkens, das die Praxis adäquat erfasst und versteht, daran, dass es die Urteilskraft handelnder Menschen schult – und deshalb erkannte Clausewitz an der Person Scharnhorsts, wie solches Denken beschaffen ist. Alle vier Merkmale dieses Denkens, die er in der Charakterisierung Scharnhorsts entwickelte, findet man in *Vom Kriege* als Anforderungen an eine praktisch nützliche Theorie wieder. Eine solche Theorie muss erstens Einsichten formulieren, die einen »festen Punkt« bieten, die zu einem »ruhigen

Resultat« gelangen (VK, 278). Clausewitz warnt vor dem Nachteil, der »in dem Hofstaat von Terminologien, Kunstausdrücken und Metaphern liegt, den die Systeme mit sich schleppen« (VK, 332). In den von der Fantasie angeregten Systemen verliert sich das klare, ruhige Denken, so dass letztlich nicht einmal mehr der Autor selbst weiß, »was er dabei denkt« (VK, 333). Die Theorie zielt dagegen darauf, starke und klare Überzeugungen auszubilden, die sich nicht von heute auf morgen ändern. Als spezifische argumentative Strategie bietet sich der Theoretikerin deshalb – zweitens – der Anschluss an schon bestehende Überzeugungen an. Clausewitz legt es explizit nicht darauf an, »neue Grundsätze und Methoden des Kriegführens anzugeben«; stattdessen geht es ihm darum. »das längst Vorhandene in seinem innersten Zusammenhang zu untersuchen und auf seine einfachen Elemente zurückzuführen« (VK, 664). Clausewitz verwendet in *Vom Kriege* auch eine Reihe von Konzepten konkurrierender Autoren wie Adam Heinrich Dietrich von Bülow oder Antoine-Henri Jomini, etwa »Basis« oder »innere Linie« (z.B. VK, 628–32). Entscheidend ist allerdings, dass er diese Begriffe nicht als Ausdruck absoluter, objektiv feststehender Wahrheit behandelt. Er benutzt sie als Denkwerkzeuge, die sich in der Anwendung immer wieder aufs Neue bewähren müssen. Theoretisches Denken ist nämlich – drittens – immer auf die Sache bezogen, es bezieht sich auf Beispiele aus der Geschichte. »Historische Beispiele machen alles klar« (VK, 335) – sofern man sie nur richtig gebraucht. Besser ist ein einzelnes, genau durchdrungenes Beispiel als viele, die nur berührt werden, denn der Geist, den man aus dem genauen Studium der Geschichte gewinnen kann, zählt (VK, 340). Der ultimative Zweck dieser Theorie liegt schließlich – viertens – darin, zum Selbstdenken anzuregen; er ist »Selbsterziehung« (VK, 291). Der Zweck der Theorie liegt eben darin, einen Anhaltspunkt für das selbstbestimmte und eigenständige Urteil derjenigen zu sein, die sich überhaupt mit Theorie auseinandersetzen. Die gute, die richtige Theorie erkennt man genau an diesem praktischen Nutzen.

Clausewitz' Theorieverständnis ist am praktischen Nutzen orientiert, aber dies bedeutet nicht, dass man eine andere Theorie benötigt, wenn man die Praxis verstehen oder erklären möchte. Im Gegenteil kann man in Clausewitz'scher Perspektive das Wesen des Kämpfens allein mit der Art und Weise des Denkens verstehen, die er im Sinn hat. Denn nur ein solches Denken kommt nicht in Widerspruch zur Praxis. Wenn man diese These philosophisch abstrakter formulieren wollte, dann würde sie etwa so lauten: Die spezifische Form des kämpferischen Tätigseins kann man nur mit einer Art und Weise des Denkens verstehen, das der Art und Weise des Handelns entspricht, das der Kampf erfordert. Oder wie Vollrath es formuliert: »Über die Theorie der Wissensweise und Denkungsart schließen sich die Phänomene selbst auf, weil Wissensweise und Denkungsart zu ihrer Phänomenalität gehören.« (Vollrath 1984, 60) Einsicht und Tätigsein sind untrennbar miteinander verbunden. Man kann nicht »nur« Wissen anstreben ohne Praxisbezug, genauso wenig wie man gut und erfolgreich »nur« tätig sein kann, ohne zu wissen. Dass Clausewitz ein Buch geschrieben hat, ist nur die spezifische Weise, in der er selbst praktisch wirkt. Sein Buch ist unweigerlich praxisrelevant, unweigerlich praktisch nützlich – sonst enthielte es gar keine gute, gar keine treffende Theorie. Nutzen und Verständnis fallen in eins. Die Theorie ist praktisch, so wie die Praxis theoretisch ist.

Die grundlegende theoretische Prämisse von Clausewitz' Kriegstheorie, auf der alle anderen ruhen, ist schlicht und einfach »Kenne die Praxis!«, »Wisse, was die Praxis ist!« – oder konkreter: »Wisse, dass in der kriegerischen Praxis das Einfache schwierig ist!« Dies muss die Prämisse einer Theorie sein, die sich auf eine Form des Tätigseins bezieht, das auf andere Menschen mit Gefühlen und der Fähigkeit, unerwartete Dinge zu tun, bezogen ist. Die revolutionäre theoretische Erkenntnis Clausewitz' liegt darin, dass eine solche Praxis nur durch eine bestimmte Art von Theorie adäquat erfasst werden kann. Diese praktisch nützliche Theorie zielt darauf, die höchste Qualität, die der Mensch in einer Praxis zeigen kann, die sich auf andere Menschen bezieht, zutage zu bringen: die selbstbestimmte Urteilskraft derjenigen, die sich in der Praxis bewähren und in der Praxis virtuos handeln. Clausewitz hat erkannt, dass nur eine bestimmte Art der Theorie diese Eigenschaft besitzt. Ingenieurstheorien helfen hier nicht; sie führen, wenn man sie auf das zwischenmenschliche Handeln anwendet, zu groben Irrtümern und ideologischem Irrglauben. Kämpfen ist »weder eine Kunst noch eine Wissenschaft« (VK, 302). Kampf als Praxis ist weder »Schaffen und Hervorbringen« noch »Erforschen und Wissen« (VK, 302). Kämpfen ist eine Form des Handelns. Die Theorie des Kämpfens ist die Theorie eines Handelns, dessen höchste Qualität Freiheit ist. Das Wissen darum bzw. die Ausrichtung auf diesen höchsten Sinn ist das grundlegende Merkmal, das die Theorie praktisch nützlich macht.

1.5 Rezeption und Aktualität von Clausewitz' Praxistheorie

Einzelne Merkmale von Clausewitz' Theorie – und allgemeiner, seine spezifische Art und Weise theoretischen Denkens – wurden an verschiedenen Punkten der Rezeptionsgeschichte durchaus erkannt und gewürdigt. Einige der bekannten Historiker, die sich im 20. Jahrhundert mit Clausewitz beschäftigten – Hans Rothfels (1980 [1941]), Werner Hahlweg (1979, XX), Peter Paret (1980) – sind davon ausgegangen, dass Clausewitz von Ideen

Immanuel Kants und des Kant-Schülers Johann Gottfried Kiesewetter inspiriert wurde, dessen Vorlesungen Clausewitz 1803 besuchte, als er an der Kriegsschule in Berlin studierte. Clausewitz, so schreibt etwa Rothfels, »wandte sich von geometrischen Beziehungen ab und dem Menschen und seinen Handlungen inmitten jener Unsicherheiten zu, die das eigentliche Element des Kriegs ausmachen. Das war eine kopernikanische Wende und zugleich eine, die durchdrungen war von der kantischen Kritik. Gerade die Zerstörung eines dogmatischen Systems ermöglicht wahre Theorie.« (Rothfels 1980, 271) »Wahre« Theorie im Clausewitz'schen Sinn zu betreiben bedeutet, sich immer wieder neu von Vorurteilen zu befreien und mit dem Selbstdenken zu beginnen. Das Verdienst Clausewitz' ist sicherlich, diese Art von Theorie mit der Schwierigkeit des Handelns (d.h. der Friktion) in Verbindung gebracht zu haben. Schließlich ist es genau die Einsicht in die Schwierigkeit des Handelns, die Clausewitz' Theoriebegriff motiviert. Die Verbindung zwischen der Schwierigkeit des Handelns und der Art des Denkens, die dieser Schwierigkeit entspricht, hat in der Rezeptionsgeschichte insbesondere der schottische Philosoph W.B. Gallie erkannt und gewürdigt. Gallie hielt im Mai 1976 die »Wiles Lectures« an der Universität Belfast und besprach dort Clausewitz neben Kant, Karl Marx und Leo Tolstoi als einen von vier eminenten Denkern von Krieg und Frieden (publiziert als Gallie 1978). Auch Gallie erkannte den Einfluss, den Kants kritisches Denken auf Clausewitz ausübte. Aber er betont gleichzeitig, dass man Clausewitz am besten verstehen kann, wenn man ihn als einen unabhängigen philosophischen Denker studiert, der seine Ideen eigenständig und in Auseinandersetzung mit praktischen Erfahrungen und der genauen Beobachtung eminenter Praktiker entwickelte. Gerade dort, wo Clausewitz sich von den vorherrschenden philosophischen Ideen seiner Zeit löste und seinen eigenen Intuitionen und

Einsichten folgte, ist er, so Gallie, am interessantesten. Gerade dort gelangte er zu den tiefsten Einsichten.

Gallie versucht zunächst, den Menschen zu verstehen, bevor er sich dessen Denken zuwendet. Er beschreibt Clausewitz als eine Person, die selbst handeln musste und wollte, die aber ihre Ambitionen zu einem gewissen Grad nicht realisieren konnte (dazu auch Aron 1980, 42). Clausewitz idealisiert im »Genie« eine Persönlichkeit, die er selbst nicht war oder selbst nicht sein konnte. Nicht zuletzt aus dieser Frustrationserfahrung speist sich der Wunsch, schriftlich festzuhalten, was anderen im tätigen Leben besser gelang als ihm selbst. Gallie erkennt in Clausewitz einen Denker mit herausragender philosophischer Begabung. Mit derselben Tiefe der Einsicht, mit der die größten Philosophen die Maximen »Erkenne dich selbst« (wie Sokrates) und »Kenne die Grenzen deines Wissens« (wie Kant) formulierten und ausloteten, durchdrang Clausewitz die Maxime »Know thy trade« – »Kenne die Praxis« (Gallie 1978, 41). Auf wenigen Seiten gelingt es Gallie (1978, 43–5), die wesentlichen Elemente von Clausewitz' Praxistheorie zusammenzutragen. Clausewitz versucht eine Theorie zu entwickeln, die praktisch handelnden Menschen dienlich ist. Die erste und grundlegendste Einsicht, zu der Clausewitz in diesem Bestreben gelangt, ist, dass kämpferisches – wie allgemeiner politisches – Handeln seinem Wesen nach anders ist als andere Formen des Tätigseins, weil es primär auf Menschen bezogen und durch Interaktion charakterisiert ist. Das theoretische Wissen, das man braucht, um solches auf Menschen bezogenes Handeln zu verstehen, darf keine absolute Gültigkeit beanspruchen. Es muss immer wieder neu in der Anwendung hinterfragt werden und sich immer wieder neu in der Anwendung bewähren. Nur so ist sichergestellt, dass die Rolle der menschlichen Urteilskraft angemessene Berücksichtigung findet. Gallie vergleicht die Art solchen theoretischen Wissens mit dem

Wissen, das einem Athleten hilft, sich des eigenen Körpers bewusst zu sein und ihn zu kontrollieren (1978, 46). Es ist vergleichbar dem Wissen, das man braucht, um sich den Gefühlen im eigenen Herzen gewiss zu sein – sie zu kennen, sie zu spüren, ihnen intuitiv zu folgen –, ohne sich von diesen Gefühlen beherrschen zu lassen. Wenn man eine solche intuitive Einstellung kultivieren möchte, dann hilft einem keine Anweisung, die man blindlings befolgen soll (Sumida 2008, 117–20).[14] Es hilft einem keine komplexe Darstellung von Zusammenhängen, die man nicht verinnerlichen kann. Es hilft einem nur die Art von einfacher und klarer Einsicht, die man sozusagen mit dem und im eigenen Körper hervorrufen kann – eine Art von Einsicht, die einen befähigt, in schwierigen Situationen intuitiv richtig zu urteilen und selbstbestimmt zu handeln. Man könnte die Wirkung solcher theoretischen Einsicht vielleicht mit der Kraft eines Magnetfeldes vergleichen, das die Nadel eines Kompasses in die rechte Richtung weist.

Gallie betont, dass Clausewitz' theoretische Einsicht in das Wesen praktischen Handelns eine tiefe Gültigkeit besitzt, die weit über das militärische Feld hinausreicht (1978, 43). In dieser Einsicht liegt ein wichtiger Beitrag zum politischen Denken. Clausewitz zeigt einen Weg auf, wie Theorie und Praxis in einen produktiven Bezug zueinander gebracht werden können. Das Problem, Theorie und Praxis fruchtbar aufeinander zu beziehen, spiegelt sich wider in einer Kluft, die in der heutigen Sozial- und Politikwissenschaft empirische (d.h. beschreibende, erklärende) von normativen (d.h. wertenden) Theorien trennt. Tatsächlich fußt das Bild sozial- und politikwissenschaftlicher Theorie, das heute weit verbreitet ist, auf einer relativ strikten Aufgabenteilung zwischen beiden Art von Theorie. So herrscht einerseits bei empirisch Forschenden oft die Vorstellung, dass die eigenen Erkenntnisse die Welt »nur« beschreiben oder »nur« erklären sollen. Andererseits ist in der politischen Theorie und Philosophie ein Begriff so genannter »idealer« Theorie verbreitet, dem zufolge normative Wertmaßstäbe durch Abstraktion und nicht in Auseinandersetzung mit konkreter Praxis gewonnen werden. Clausewitz versteht Theorie dagegen in einer Weise, die Beschreiben und Beurteilen eng miteinander verwebt. Schließlich ist Theorie für Clausewitz gerade dadurch charakterisiert, dass sie »Anhalt« für das Urteil bietet.

Der Ruf nach praxisrelevanter Forschung ist heute weit verbreitet. Die Praxisrelevanz der Clausewitz'schen Theorie scheint mir aber anderer Art zu sein als diejenige, die heute oft mit dieser Forderung verbunden wird. Es geht Clausewitz nicht um die Art von Erkenntnis, die Informationswert besitzt und die sich – etwa in der Industrie – direkt ausschlachten lässt. Es geht ihm um eine Art des denkenden Wissens, um ein Wissen um das Denken, das nicht Wissensinhalte liefert für die gesellschaftliche Praxis, sondern »Richtungssinn« bietet (Anderl und Wallmeier 2018). Es geht nicht um *Information für*, sondern um *Haltung zur* Praxis. Es geht, wie Clausewitz es in der Schrift zu Scharnhorst ausdrückt, nicht um »die rohe Materie des Wissens«, sondern um »den Geist, der daraus gezogen werden kann« (VK, 227). Solchen Geist, solche Haltung zur Praxis kann auch die Beschäftigung mit längst vergangenen Episoden schulen. Die Verbindung von Theorie und Praxis, die Clausewitz vorschwebt, fußt nicht auf der Produktion nützlicher Wissensinhalte, die praktisch nutzbar werden genau dann, wenn man sie von allem Denken ablöst. Die Verbindung fußt hingegen genau darauf, dass Theorie und Praxis für Clausewitz gar nicht zwei strikt voneinander getrennte Aufgabenfelder sind. Sie fußt auf der Einsicht, dass das theoretische Denken in der Praxis nicht aufhört – was umgekehrt voraussetzt, dass die Theorie die Schwierigkeiten der Praxis kennt. Handeln setzt Vertrautheit mit dem Denken voraus, und

Denken setzt umgekehrt Vertrautheit mit dem Handeln voraus. Theorie wird nicht unverändert angewendet auf die Empirie. Die Auseinandersetzung mit empirischen Daten ist notwendig theoretisch.

Clausewitz' Denken bietet eine spezifische Form der »Praxistheorie«, die heutige theoretische und politische Debatten inspirieren kann. In der Rezeption wurde allgemein die »Praxisbezogenheit« (Paret 1980, 360) von Clausewitz' Theorie immer wieder betont. Der Soziologe Raymond Aron schreibt Clausewitz explizit das Ziel einer »Theorie der Praxis« zu (Aron 1980, 29). Aron vergleicht den Stil von Clausewitz' Denken nicht mit Kant, sondern mit Montesquieu und er bezeichnet Clausewitz als »Theoretiker einer Kunst, die durch Studium und Nachdenken gepflegt wird« (Aron 1980, 345). Schon früher hat z.B. Hans Rothfels darauf hingewiesen, dass Clausewitz danach strebt, Philosophie und Erfahrung zu verbinden (1980, 264). Auch Hahlweg betont – in einem etwas missverständlich »Entstehungsgeschichte des Werks ›Vom Kriege‹« betitelten Abschnitt – den engen Bezug Clausewitz'scher Theorie auf Praxis (Hahlweg 1980a, 11–26).

Der Begriff »Praxistheorie« ist assoziiert mit einer bestimmten soziologischen Theorieschule, die untersuchen möchte, was Menschen eigentlich tun, wenn sie praktisch tätig sind. Diese Theorieschule steht in (mehr oder weniger) enger Verbindung mit kritischem Denken und kritischer Theorie. Pierre Bourdieu etwa, der wohl bekannteste soziologische Praxistheoretiker, bezog sich direkt auf Karl Marx. Bourdieu versuchte, Marx' kritische Gesellschaftstheorie mit dem Fokus auf Praxis anzureichern und zu aktualisieren. Marx wiederum wollte selbst nicht praxisfern theoretisieren, sondern auf praktisch wirksame Weise denken – die Welt nicht nur verstehen, sondern auch verändern, wie ein bekanntes Marx-Zitat heißt. Marx und Friedrich Engels erkannten in Clausewitz einen dialektischen Denker, was möglicherweise auch daran lag, dass er – ähnlich wie sie selbst – von Hegel inspiriert war (Korsch 1980, 559; vgl. Herberg-Rothe 2001). In Marx und Engels' Werk gibt es mehrere direkte Bezügen auf Clausewitz, und speziell Engels befasste sich eingehend mit Clausewitz' Kriegstheorie, was einer Arbeitsteilung zwischen beiden entsprach, wonach sich Engels schwerpunktmäßig mit Fragen der Militärtheorie und Marx mit solchen der politischen Ökonomie befasste (vgl. Ancona 1980, 562–67).

Als Denker der Praxis wusste Clausewitz – wie Marx, Engels und andere kritische Theoretiker – darum, dass das theoretische Denken selbst unweigerlich praktisch wirksam ist, egal wie praxisfern es sich gibt (Jahn 2017). Sein Ziel war es, für diese praktische Wirksamkeit von Theorie Bewusstsein zu schaffen. Deshalb betont Clausewitz in seiner Charakterisierung des Genies (wie auch der Scharnhorsts), dass eine bestimmte Art tief verankerten Denkens – und keineswegs nur natürliches Talent – das virtuos kämpfende Genie auszeichnet. Clausewitz unterscheidet die richtige Art von Theorie von einer falschen, die in einen Widerspruch mit der Praxis führt. Die richtige Art von Theorie verbindet Theorie und Praxis. Sie verbindet, in den Worten einer gegenwärtigen kritischen Theoretikerin, Analyse und Kritik (Jaeggi 2009). Clausewitz' theoretisches Denken gehört somit in den Kanon einer kritischen Praxistheorie. Es geht Clausewitz nicht um eine Apologie der Praxis, sondern um den kritischen Hinweis auch und gerade an die Praxis: Denke!

Clausewitz bietet eine Theorie, die über die Herausforderung des Kämpfens informiert. Sie weist auf das Potenzial der Freiheit hin, das dem Kämpfen innewohnt. Eine solche Theorie kann uns dabei helfen, nicht vorschnell aufzugeben angesichts großer Herausforderungen der Gegenwart. Sie kann uns dabei helfen, nicht gleich unterzugehen, wenn wir untertauchen müssen. Sie kann uns ermutigen, auch im Wasser – unter Bedingungen der Friktion – weiter entschlossen voranzugehen, um unser Ziel zu erreichen. Wenn unsere Mitstreiterinnen und Mitstreiter zögern oder eine unerwartete Wende die andere Seite zeitweise obenauf bringt, dann kann uns die Beschäftigung mit Clausewitz darin bestärken, bei einmal gefassten Grundsätzen zu bleiben, anstatt uns der Resignation hinzugeben, alles über Bord zu werfen und, wie man sagt, das Kind mit dem Bade auszuschütten. Aber wie genau tut sie das? Neben der ersten Maxime – »Kenne die Praxis!« bzw. »Wisse, dass in der Praxis das Einfache schwierig ist!« – gibt es noch zwei weitere Clausewitz'sche Einsichten, die denen zur Inspiration dienen können, die sich entschließen, für ihre Überzeugungen zu kämpfen.

2. Die Stärke des Abwartens: Clausewitz als Theoretiker des Widerstands

Clausewitz erlebte früh den gewaltigen Erfolg einer Strategie, die radikal auf Angriff setzte. Dies war die Strategie Napoleons. Auf Empfehlung Scharnhorsts war Clausewitz nach den zwei Lehrjahren an der Berliner Kriegsschule Adjutant des preußischen Prinzen August geworden (Aron 1980, 41). Diesen begleitete er 1806, als Preußen gegen Frankreich in den Krieg zog. Clausewitz wurde Zeuge, wie die preußische Armee, deren Ruf vom vergangenen Ruhm Friedrichs des Großen zehrte, von Napoleon besiegt wurde – und zwar so, schreibt Clausewitz in *Vom Kriege*, »wie nie eine Armee auf dem Schlachtfelde selbst zugrunde gerichtet worden ist« (VK, 311). Die preußische Niederlage gegen Napoleon bei Jena und Auerstedt im Oktober 1806 war eine prägende Erfahrung für den 26-jährigen Offizier (Herberg-Rothe 2001, 28–9). Napoleon hatte mit einer Strategie Erfolg, die bereits mehrfach erprobt war. Er konzentrierte seine ganzen Kräfte in einem entschlossenen Angriff. Entscheidend war nicht allein, dass ihm diese Strategie den Sieg in der Schlacht selbst brachte. Entscheidend war zudem, dass Napoleon den Sieg nutzte, um den Gegner zu verfolgen und weiter zu schwächen. Zwei Wochen nach der Schlacht zogen Napoleons Truppen in Berlin ein. Nur durch Russlands Eingreifen in den Krieg konnte die vollständige Besetzung des Landes verhindert werden. Preußen musste im Frieden von Tilsit im Juli 1807 Bedingungen hinnehmen, die es zu einer niederrangigen Macht degradierten.

Clausewitz war von den Erfolgen Napoleons nicht nur erschüttert, sondern auch beeindruckt. In *Vom Kriege* bezeichnet er den Feldherrn als den »Kriegsgott selbst« (VK, 959). In den Jahren nach der Niederlage Preußens war die entscheidende Frage, die nicht nur Clausewitz, sondern den ganzen Kreis der preußischen Militärreformer um Scharnhorst und Gneisenau beschäftigte, wie ein kleiner Staat wie Preußen dem übermächtigen Frankreich und der genialen strategischen Begabung Napoleons widerstehen konnte. In diesem Kontext haben Clausewitz' Überlegungen zum Verhältnis, das zwischen Angriff und Verteidigung besteht, ihren Ursprung. Denn die Strategie, die Napoleon anwandte, bot sich offensichtlich nicht für eine Kriegspartei an, die nur über schwache Mittel verfügte. Eine solche unterlegene Partei konnte sich nicht rasch und mit ganzer Kraft auf einen Gegner werfen, der um ein Vielfaches stärker war. Sie musste andere Mittel und Wege finden, um den Gegner zu schwächen. Das adäquate Mittel des Widerstands erkannte Clausewitz im Gedanken der strategischen Verteidigung – im Abwarten des gegnerischen Angriffs und im Ausweichen bis zu einem Punkt, an dem die Kräfte des Angreifer so überdehnt und ausgezehrt sind, dass es auch für einen anfangs schwächeren Akteur möglich wird zu gewinnen.

Das Verhältnis zwischen Angriff und Verteidigung ist das zweite große intellektuelle Problem, mit dem sich Clausewitz beschäftigte. Wann und unter welchen Umständen ist es sinnvoll, rasch anzugreifen? Und wann und unter welchen Umständen ist es besser, abzuwarten und seine Kräfte zu schonen? Clausewitz gelangte zu der Einsicht, dass Angriff und Verteidigung nicht isoliert für sich stehen. Den Gedanken einer reinen Verteidigung lehnt er ab. Verteidigung, d.h. das Abwehren eines gegnerischen Stoßes, muss in sich ein Element des Angriffs enthalten. Man kann sich nicht nur entziehen. Man muss an irgendeinem

Punkt anfangen zu widerstehen. Diesen Zeitpunkt und Ort des Widerstands richtig zu wählen ist die zentrale Aufgabe strategischen Denkens. Clausewitz arbeitet vor allem eine theoretische Einsicht heraus, die bei der Lösung dieser Aufgabe hilfreich ist – nämlich die oft unterschätzte Stärke einer verteidigenden Strategie. Verteidigung ist, so drückt er es aus, »die stärkere Form des Kampfes« (VK, 808). Wenn man nicht von vornherein schon die Mittel besitzt, um seine Ziele durchzusetzen und dem Gegner den eigenen Willen aufzuzwingen, dann kann man durch Abwarten langsam die Stärke aufbauen, bis dies möglich wird. Allerdings bedient man sich dann einer Form des Handelns, das nur einem »negativen Zweck« (VK, 631) dient, d.h. eines Handelns, das zunächst einmal nur dem Ziel dient, das Vorhandene und letztlich sogar nur die eigene Existenz so lange zu schützen, bis man schließlich, wenn die eigene Stärke ausreichend angewachsen ist, dazu übergehen kann, einen positiven Zweck zu verfolgen.

Dieser Teil des Buchs beschäftigt sich mit der Einsicht in die Stärke des Abwartens. Ich werde mich zunächst mit dem konkreten Problem befassen, das Clausewitz überhaupt dazu brachte, das Verhältnis von Angriff und Verteidigung genau zu durchdenken. Dies ist die Frage, wie sein Staat (Preußen) sich gegenüber einem überlegenen Gegner (dem Napoleonischen Frankreich) verhalten soll. Clausewitz war ein leidenschaftlicher Befürworter des preußischen Widerstands gegen Napoleon. Aus dieser politischen Überzeugung heraus entwickelte er den Gedanken einer widerständigen, verteidigenden Strategie, zu der er sich politisch bekannte in seiner *Bekenntnisdenkschrift*, einem Schlüsseltext des preußischen Widerstands gegen Napoleon (2.1). Aber es ist nicht Preußen, das diese Strategie letztlich anwendet – neben den Partisanen in Tirol und Spanien, deren Kampf Clausewitz analysierte, ist es vor allem der russische Feldzug von

1812, der mehr unabsichtlich als absichtlich »das Geheimnis von der Stärke eines bis aufs Äußerste gerichteten Widerstands« (VK, 320) enthüllt (2.2). Gleichzeitig lässt sich zeigen, dass die abwartende Haltung, deren Stärke Clausewitz auf der Ebene der Militärtheorie hervorhebt, ein ganz praktisch-lebensweltliches Pendant hat – sie wurde nämlich von Clausewitz selbst angewandt, um in konkreten Gesprächssituationen seine Ziele zu erreichen (2.3). In seinem Hauptwerk *Vom Kriege* ist diese Erkenntnis aufgehoben in der theoretischen Formel, dass Verteidigung die stärkere Form des Kampfes mit einem negativen Zweck ist (2.4). Diese Einsicht bietet Hilfestellung bei der Beantwortung der praktischen Frage, wie gekämpft werden sollte (2.5).

2.1 Clausewitz und der preußische Widerstand

Preußen befand sich nach der militärischen Niederlage 1806 in einer schwierigen politischen Lage. Es besaß nur mehr einen Rest politischer Unabhängigkeit und hing in vielerlei Hinsicht von Napoleons Gutdünken ab. Der Frieden von Tilsit (Juli 1807) nahm Preußen ungefähr die Hälfte seines Territoriums und begrenzte die Größe seiner Armee. Clausewitz selbst kam zusammen mit dem Prinzen August, als dessen Adjutant er diente, in französische Kriegsgefangenschaft. Während sich sein Prinz rasch an die – seinem fürstlichen Stand angemessenen – Bedingungen der Gefangenschaft gewöhnte und das Leben in Frankreich genoss, beobachtete Clausewitz das französische Leben eher kritisch und hegte nationalistische Gefühle (Aron 1980, 47–9). Nach der Rückkehr endete der Dienst beim Prinzen August, und Clausewitz arbeitete stattdessen ab 1809 eng mit Scharnhorst zusammen. Scharnhorst war eine zentrale Figur im Kreis der preußischen Reformer, die nach der Niederlage versuchten, die Strukturen des Staates zu modernisieren. Clausewitz bezeichnet den General in seiner Schrift *Über das Leben und den Charakter von Scharnhorst* sogar als den »Kern und Schwerpunct des politischen Widerstandes« in Preußen während der Krisenjahre 1806 bis 1812 (LCS, 222; siehe Abschnitt 1.1 oben). Ein zentraler Aspekt der Reformen war die Restrukturierung der Armee, an der neben Scharnhorst und Clausewitz vor allem auch Gneisenau arbeitete.[15] Die Idee der Militärreformer war, dass durch die Einführung einer Wehrpflicht sowie die Gründung von Milizen (unter den Namen »Landsturm« und »Landwehr«) ein Reservoir an mobilisierbaren Bürgern für die preußische Armee geschaffen werden konnte. Ohne die Bedingungen des Friedens von Tilsit explizit zu verletzen, konnte so die Militärmacht des Landes ausgebaut werden. Allerdings war dies eine politisch höchst kontroverse Maßnahme, weil die Beteiligung des Volkes am militärischen Kampf als Erfindung der Französischen Revolution galt und in Frankreich mit der Beseitigung der Monarchie einhergegangen war. Unter Napoleon hatte sich freilich gezeigt, dass Despotie und die Beteiligung der Volksmassen am Krieg sich keineswegs ausschlossen. Dennoch hatten viele Mitglieder der etablierten Stände Preußens Angst davor, mit der militärischen Beteiligung des Volkes politische Vorrechte aufzugeben und sogar einer Revolution den Weg zu bereiten.

In ihrem Versuch, die Widerstandskraft Preußens zu stärken, waren die Militärreformer mit einer doppelten Angst konfrontiert: Angst einerseits vor Napoleons Überlegenheit, andererseits vor innenpolitischer Veränderung. Beide Ängste trieben die führenden Kräfte zu einem Arrangement mit dem französischen Kaiser. Die Reformer konnten zwar anfangs einige ihrer Ideen umsetzen. Aber als sich ab 1811 abzeichnete, dass es einen weiteren großen Krieg um die Vorherrschaft in Europa zwischen Frankreich (Napoleon) und Russland (Zar Alexander) geben würde, entschied sich der preußische König schließlich gegen die Erwartungen und Hoffnungen der Reformer. Es wurde klar, dass Preußen sich mit einem eigenen Kontingent und der Bereitstellung seiner Festungen auf französischer Seite am Krieg gegen Russland beteiligen würde. Zu dieser Zeit verfasste Clausewitz die *Bekenntnisdenkschrift* (im Folgenden zitiert als BK), die Aufschluss gibt über die Motive der Reformbewegung. In ihr artikuliert Clausewitz Gedanken zur Möglichkeit eines militärischen Widerstands gegen eine hegemoniale Macht, die große Bedeutung für seine Kriegstheorie gewinnen würden.

Der politische wie theoretische Ausgangspunkt der *Bekenntnisdenkschrift* ist die Frage, ob Preußen Widerstand gegen Frankreich und Napoleon hätte leisten sollen. Zwar ist die Entscheidung zur Allianz mit Napoleon bereits gefallen, aber Clausewitz versucht nun im Nachhinein, »die politische Meinung derjenigen vor den Augen der Welt zu rechtfertigen, welche den Widerstand gegen Frankreich für notwendig hielten« (BK, 140).[16] Diese »politische Meinung« war, wie Clausewitz anerkennt, nur die einer Minderheit. Die »Meinung, dass man Frankreich widerstehen könne, ist unter uns fast gänzlich verschwunden« (BK, 143).[17] Clausewitz hält fest, dass die Anhänger der Widerstandspartei als »überspannte Toren oder gefährliche Revolutionäre oder leichtfertige Schwätzer oder eigennützige Intrigants verschrien wurden« (BK, 140). Die Auffassungen der Befürworter des Widerstands galten als unrealistisch und sogar unvernünftig. Der Grund dafür war, dass man allgemein »an die Notwendigkeit einer Allianz ohne Bedingungen, einer Unterwerfung auf Gnade und Ungnade« glaubte (BK, 143). Im Klima des Jahres 1811, als sich die Spannungen zwischen den Großmächten Frankreich und Russland zuspitzten, erschien es den meisten Menschen als viel zu gefährlich, einen militärischen Widerstand gegen den französischen Hegemon zu versuchen. Deshalb waren die Auffassungen von Clausewitz und anderer Anhänger des Widerstands in Verruf geraten.

Der grundlegende Kontrast, den Clausewitz in der *Bekenntnisdenkschrift* etabliert, ist der zwischen dem Glauben an die angebliche Notwendigkeit einer Allianz mit Frankreich und der tatsächlichen Möglichkeit des Widerstands. Während allgemein die Überzeugung herrschte, es gebe keine Alternative zur Allianz, argumentiert Clausewitz, dass diese Überzeugung – so das erste von drei Bekenntnissen seiner Schrift – letztlich nur auf Angst, Misstrauen und Furcht gegründet ist. Er will einen Impuls aussenden, »der das gespensterartige Ungetüm der Furcht verscheucht, die Gefahr, welche wirklich da ist, deutlich zeigt und von der trennt, die nicht vorhanden ist« (BK, 142). Clausewitz erkennt in der allgemeinen öffentlichen Ablehnung des Widerstands ein »System der Feigheit«, er erkennt darin bloßes »Verzweifeln« (BK, 144). Der »gänzliche Mangel an Vertrauen auf sich und andere ist die allgemeine Ursache unserer öffentlichen Meinung« (BK, 145). In Preußen herrscht »Resignation« (BK, 145), und von dieser sagt sich Clausewitz in seinem ersten Bekenntnis los. Aber ist es wirklich nur Angst und nicht Klugheit, die im Angesicht der Übermacht Anbiederung als sinnvoll erscheinen lässt?

Clausewitz begründet sein Argument für den Widerstand auf zwei Ebenen – wenn man so will (und in Clausewitz'scher Terminologie ausgedrückt) auf moralischer und physischer Ebene. Im Rahmen seines zweiten Bekenntnisses nimmt Clausewitz eine Verschiebung der Problemanalyse vor. Er argumentiert, dass »die Gefahr, welche wirklich da ist« (BK, 142), eine ganz andere sei als die, vor der man sich in Preußen weithin fürchte. Die eigentliche, wirkliche Gefahr liege im Verlust der Fähigkeit, unabhängig zu handeln. Clausewitz legt zunächst dar, dass viele der Probleme, mit denen Preußen konfrontiert ist, tatsächlich aus der Abhängigkeit von Frankreich resultieren. Nicht zuletzt ergibt sich die schwierige ökonomische Lage in seiner Analyse vor allem aus der Kontinentalsperre, die Napoleon verhängt hat und die, mit dem Ziel England zu schaden, den Welthandel auf dem europäischen Kontinent blockiert (BK, 148–9). Vor allem aber schafft die Zusammenarbeit mit Frankreich eine politische Situation, die durch »Ungewißheit« charakterisiert ist (BK, 150). Dies liegt vor allem daran, dass Napoleon nicht zu trauen ist. Clausewitz beschreibt das Angebot einer Kooperation mit Frankreich als eine Falle, eine »Schlinge« (BK, 154). Er behauptet, dass Napoleon in Wahrheit schon lange den »Untergang« Preußens beabsichtige (BK, 154). Napoleons Haltung gegenüber Preußen sei von Abneigung und Hass geprägt. Die Popularität und »Liberalität« (so Clausewitz) des preußischen Königs seien ihm ein Dorn im Auge. Den Gefahren der Kooperation steht das Potenzial des Widerstands gegenüber. Clausewitz' Sprache ist durchdrungen von überkommenen Begriffen der Ehre, Achtung und Liebe zwischen König und Volk. Aber man kann seine Gedanken übersetzen in die Idee, dass die Entscheidung, Widerstand zu leisten, etwas mit Selbstachtung zu tun hat. Die moralische Entscheidung ist eine zwischen Selbstachtung und Selbstaufgabe, und vor diesem Hintergrund ist Widerstand nicht nur eine Möglichkeit unter mehreren, sondern eine Notwendigkeit. Es gibt, so Clausewitz, »keine andere Hilfe für die innere Krankheit [der Angst und des Verlusts der Selbstachtung] als einen Widerstand gegen Frankreich« (BK, 163). Es gibt »keine Hilfe außer uns selbst« (BK, 166). Es gibt keine Alternative dazu, Widerstand zu leisten, weil man nur so Mut anstatt Angst zur Grundlage des eigenen Handelns machen kann – und nur so überhaupt ein unabhängiger, eigenständig handelnder Akteur bleiben kann.

Vor dem Hintergrund der »moralischen« Notwendigkeit des Widerstands ist die Frage seiner »physischen« bzw. materiellen Wahrscheinlichkeit zunächst nachgeordnet. Clausewitz hält sogar fest, dass »die Wahrscheinlichkeit des Erfolgs gegen uns ist« – Gneisenau kommentiert am Rand des Textes, Letzteres sei gegen seine Überzeugung (BK, 165). Aber Clausewitz muss argumentativ zumindest aufzeigen, wie Widerstand, wenn seine Erfolgswahrscheinlichkeit auch klein ist, so doch überhaupt eine Chance auf Erfolg hat. Diesem Zweck dient das dritte Bekenntnis. Clausewitz bekennt sich als Anhänger einer Strategie des Guerillakriegs und entwickelt einen militärischen Plan, wie ein solcher von Preußen gegen die Napoleonische Armee geführt werden könnte. Er beschreibt zunächst die materiellen Ressourcen seines Staates und geht auch auf geografische Gegebenheiten ein. Dann entwickelt er einen Vorschlag zur Kriegführung gegen Frankreich, der nicht einem klassischen Feldzugsplan entspricht und keine Bewegungen einer Armee in diese oder jene Richtung vorsieht. Anstatt einer Konzentration der Kräfte schlägt Clausewitz einen dezentral organisierten, sich größeren Konfrontationen entziehenden Widerstand vor. Die militärische Verteidigung gegen Frankreich soll sich in jedem einzelnen Kreis bzw. Gebiet Preußens separat organisieren. In jedem Teil des Landes wird die Bevölkerung bewaffnet und ein »Landsturmoberst« bestimmt, der die lokalen Operationen eigenständig und unabhängig befehligt (BK, 189). Clausewitz verfasst zwölf Instruktionen als Handlungsrichtlinien für diesen Landsturm (BK, 189–90). Entscheidend ist, dass der Landsturm jedem Gefecht mit einer größeren Ansammlung feindlicher Truppen aus dem Weg geht. »Vor einem überlegenen Feind ziehen sich die Landsturmhaufen zurück, am wenigsten wagen sie sich in die Nähe einer großen Armee.« (BK, 189) Stattdessen attackieren die Bürgermilizen Nachschublinien, einzelne abgesonderte Truppenteile, »meistens in der

Nacht« (BK, 190). In »diesem unglückseligsten aller Kriege« wird, so Clausewitz, der Gegner »täglich Kräfte einbüßen« (BK, 194). Denn »man beherrscht nicht so leicht ein Land, wo alles gegen uns aufgebracht und auf die Idee des Widerstands hingeführt ist« (BK, 193). Was Clausewitz vorschwebt, ist die militärische Strategie eines »spanischen Bürgerkriegs in Deutschland« (BK, 191). Aus dem spanischen Partisanenkrieg gegen Napoleon stammt der Begriff »Guerilla« – kleiner Krieg.[18] Der überlegenen französischen Armee gelang es trotz Einsatzes vieler Kräfte dort nicht, eine Entscheidung herbeizuführen. »Die Franzosen«, so Clausewitz, haben »die Hälfte ihrer ganzen Macht in Spanien«, aber sie schlagen ihre »Hauptschlachten« nur mit einem Bruchteil davon, weil die Mehrzahl der Truppen dazu eingesetzt werden musste, den immer wieder aufflammenden Widerstand in verschiedenen Landesteilen zu bekämpfen (BK, 195). Die strategische Vision eines solchen Guerillakriegs formuliert Clausewitz in der *Bekenntnisdenkschrift* für Preußen.

Clausewitz' Empfehlung für einen Guerillakampf in Preußen ist inspiriert von nationalistischer Begeisterung. Sie hat etwas vom Ungestüm eines jungen Menschen, der nicht auf die Klugheit der Alten hören möchte und alle Warnungen und alle Vorsicht in den Wind schlägt. Dies wird besonders deutlich an der Stelle seiner Schrift, an der Clausewitz sich mit den Gefahren einer Eskalation der Gewalt beschäftigt. Tatsächlich prognostiziert Clausewitz nicht nur eine Eskalation der Gewalt, er empfiehlt sie sogar: »Man glaubt gewöhnlich, der Feind würde durch eine grausame Behandlung von gefangengenommenen Insurgenten, durch Todesstrafen usw., den Mut dazu [zum Widerstand] nehmen. Aber welche unnötige Besorgnis! Als ob wir nicht so gut grausam sein könnten als der Feind, als ob der Feind nicht aus Fleisch und Blut bestünde wie wir! [...] Lassen wir es darauf ankommen, Grausamkeit mit Grausamkeit zu bezahlen, Gewalttat mit Gewalttat zu erwidern! Es wird uns ein leichtes sein, den Feind zu überbieten.« (BK, 196) Ganz geheuer ist Clausewitz diese Überlegung dann aber auch wieder nicht. Der Versuch, den Feind zu überbieten, so ergänzt er rasch, wird diesen in die »Schranken der Mäßigung und Menschlichkeit« zurückführen (BK, 196). Schließlich hätten die französischen Revolutionäre auch in der Vendée mit gewaltsamer Unterdrückung nichts ausrichten können – nur »menschliche Grundsätze, Verzeihung, Achtung, Friede allein konnte die aufgebrachte Menschennatur besänftigen« (BK, 197). Die Eskalation der Gewalt wird, so hofft Clausewitz, den überlegenen Gegner zu einer Strategie der Mäßigung führen, weil dieser überlegene Gegner nicht im selben Maße in der Lage sein wird, Gewaltsamkeit mit Gewaltsamkeit zu vergelten. Vor dem Hintergrund historischer Erfahrungen lässt sich sagen, dass dies besonders dann zutrifft, wenn der Angreifer selbst ein gewisses Maß an Zivilität besitzt. Einem totalitären Staat, dessen Herrschaftsprinzip gerade in der Entfesselung einer Logik des Terrors besteht (Arendt 1991), kann eine solche Eskalationsstrategie auch nützen, anstatt ihm zu schaden.

Clausewitz' Text enthält die fast apokalyptische Vision einer Gewaltspirale, die nur durch das Einlenken des Angreifers aufgehalten wird, der, so hofft Clausewitz, irgendwann einsehen wird, dass er mehr verliert als sein Gegner (vgl. Girard 2011). In dieser Vision kulminiert die nationalistische Blindheit des jungen Autors, der seine stark emotionale Stellungnahme in einem Moment politischer Spannung verfasst hat. Es war auch das nationale Pathos der *Bekenntnisdenkschrift*, das in der Rezeption das Argument motiviert hat, der frühe Clausewitz formuliere einen »existenziellen« Kriegsbegriff (Münkler 1988; Herberg-Rothe 2001). In der Tat beschreibt Clausewitz in der *Bekenntnisdenkschrift* den »Krieg der jetzigen Zeit« als einen »Krieg aller gegen alle« (BK, 215). Nicht nur Fürsten und Söldnerheere, das ganze Volk beteiligt sich aktiv am militärischen Kampf. Es begreift sich selbst als betroffen, weil es – zumindest bei der von Clausewitz empfohlenen Strategie – aus dem Gefühl heraus kämpft, »seinen Herd zu verteidigen« (BK, 212). Die Verankerung des Kampfs im Volk ist eine zentrale Idee berühmter späterer Widerstandskämpfer, die sich der Strategie des Guerillakriegs bedient haben, wie Che Guevara und Mao Tse-Tung. Von Mao stammt das Bild, Guerillakämpfer sollten sich in der Bevölkerung wie »Fische« im »Wasser« bewegen. Was Clausewitz nicht bemerkt – vermutlich wegen seines ideologischen Nationalismus –, ist, dass die nationale Begeisterung zu dieser Zeit in seiner sozialen Schicht stärker ausgeprägt war als in anderen sozialen Schichten. Es ist an dieser Stelle nützlich, Clausewitz' Vision eines entfesselten nationalen Kriegs mit den Ausführungen des Autors und widerständigen Pazifisten Oskar Maria Graf zu kontrastieren, der in seinem autobiografischen Roman *Das Leben meiner Mutter* auf treffende Weise die Perspektive der Landbevölkerung während der Kriege des 19. Jahrhunderts rekonstruiert. Menschen wie Grafs Mutter erlebten den Krieg als zerstörerische Kraft, die die eigenen Söhne fortriss und sie manchmal nur verletzt, manchmal gar nicht zurückgab und die die Arbeit auf den Feldern härter und die Erträge unsicherer machte (Graf 2017). Dies – und nicht nationale Begeisterung für die Verteidigung des eigenen Herds – war sicher ganz wesentlich die Realität des Kriegs für Menschen auf dem Land zu Zeiten Napoleons.

Trotz ihres nationalen Pathos kann man aus Clausewitz' *Bekenntnisdenkschrift* noch etwas anderes gewinnen als nur den Begriff eines brutalen, entfesselten und »existenziellen« Krieges (vgl. Daase/Schindler 2009). Seine Schrift kann all denen zur Inspiration dienen, die mit einer überlegenen Macht konfrontiert sind und abwägen, was nun zu tun ist. »Alle ›Widerstandskämpfer‹«, schreibt Raymond Aron, »alle diejenigen, welche das Unglück der ersten Schlacht dazu zwingt, gegen die Hoffnung zu hoffen, finden in ihm [Clausewitz] mehr einen Meister in moralischer als in technischer Hinsicht« (1980, 345). Der Clausewitz der *Bekenntnisdenkschrift* argumentiert, dass wir »moralisch« – moderner ausgedrückt, auf der Ebene von Motivation und Selbstachtung – einen Vorteil daraus ziehen, nicht vorschnell aufzugeben. Diese Einsicht kommt philosophisch folgendermaßen zum Ausdruck: »Es ist nichts so wahr, als dass außerordentliche Unglücksfälle, wenn der Mensch sich einmal entschließt, ihnen mit außerordentlichen Mitteln zu begegnen und alle seine Kräfte gegen sie zu richten, dazu dienen, ihn über sich selbst zu erheben und Kräfte des Gemüts und Verstandes in ihm aufregen, von deren Dasein er selbst nichts ahnte.« (BK, 202) Der Entschluss, in einer schwierigen Situation zu kämpfen anstatt aufzugeben, ist in der Lage, im Menschen große Kräfte zu wecken. Dies ist an sich nichts Negatives. Es kommt nur darauf an, nicht aus Blindheit, sondern aus Einsicht in das Richtige zu kämpfen.

Mit dem Zweck des Kämpfens – mit dem Kämpfen für das »richtige« Ziel – werde ich mich ausführlicher im dritten Teil dieses Buchs beschäftigen, das sich mit Clausewitz als Theoretiker der Politik befasst. An dieser Stelle möchte ich zunächst festhalten, dass entgegen Raymond Arons Skepsis nicht nur in moralischer, sondern auch in »technischer« Hinsicht – d.h. in Hinsicht einer Technik des widerständigen Kämpfens – eine bedeutsame Einsicht aus Clausewitz' Schrift gewonnen werden kann. Clausewitz gibt eine wichtige Antwort auf die Frage, wie – d.h. mit welchen Mitteln des Kämpfens – man überhaupt Widerstand leisten kann. Diese Antwort ist in der *Bekenntnisdenkschrift* bereits recht klar formuliert; Clausewitz wird sie in folgenden Arbeiten, vor allem im Kapitel zur »Volksbewaffnung« in *Vom Kriege*, wieder aufgreifen. Seine Antwort hängt damit zusammen, dass das Vermeiden direkter Konfrontation nicht unbedingt einem Aufgeben des Kampfes gleichkommen muss. Um dies zu verstehen, muss man erkennen, dass es nicht nur verschiedene Modi bzw. Arten des Handelns gibt (angreifend oder verteidigend, d.h. die Konfrontation suchend oder sich ihr entziehend), sondern auch verschiedene Ebenen des Handelns (nämlich strategisch oder taktisch). In einem Anhang zur *Bekenntnisdenkschrift* über die »Natur der Verteidigung« entfaltet Clausewitz die theoretische Einsicht, die seinen Instruktionen für einen preußischen Landsturm zugrunde liegt – nämlich, dass man auf einer Ebene defensiv handeln, aber auf der anderen zugleich offensiv agieren kann. Man kann sich strategisch entziehen, d.h. auf der Ebene des »Kriegstheaters« – des ganzen Raums der Konfrontation – Truppen nirgendwo so konzentrieren, dass ein entscheidendes Gefecht stattfinden könnte. Aber zugleich kann man taktisch angreifen, d.h. den Gegner in einzelnen Regionen und an einzelnen Orten attackieren, wo er momentan schwächer ist als man selbst. Auf diese Weise wird es möglich, einen Gegner, der auf strategischer Ebene überlegen ist, durch taktische Angriffe zu schwächen. Clausewitz bringt diesen Gedanken auf den Begriff einer »aktive[n] Verteidigung« (BK, 207, 209). Die Verteidigung ist aktiv, weil sie nicht nur und allein im Abwarten und darin besteht, sich zu entziehen. Sie geht hingegen selbst immer wieder zum Angriff über. Aber sie tut dies nur auf taktischer, nicht auf strategischer Ebene. Während der Verteidiger sich auf strategischer Ebene entzieht, während er nirgendwo und zu keinem Zeitpunkt ganz zu greifen und als Ganzer zu attackieren ist, behält er überall seine potenzielle taktische Handlungsfähigkeit. Dies setzt allerdings die Bereitschaft zur Aufgabe territorialer Kontrolle in dem Sinn voraus, dass nichts – keine Stadt, kein fester Punkt – dauerhaft gehalten werden muss. Alles kann aufgegeben werden; aber da der Angreifer sich immer entscheiden muss, wann und wo er seine Kräfte konzentriert, bleiben die Räume, die er verlässt, frei für die taktischen Angriffe des Verteidigers.

Clausewitz' *Bekenntnisdenkschrift* liegt die Erkenntnis zugrunde, dass es von großem strategischen Vorteil sein kann, nicht gleich anzugreifen, sondern dem Angriff auszuweichen. Diese Einsicht in die Stärke des Abwartens ist in seiner Schrift nur potenziell – als Empfehlung für Preußen – beschrieben, auch wenn Clausewitz auf historische Erfahrungen des Widerstands in seiner Zeit verweist, insbesondere auf die Aufstände gegen Napoleon in Spanien und Tirol sowie den Aufstand in der Vendée zur Zeit der Französischen Revolution. Aber Clausewitz wird, nachdem er die *Bekenntnisdenkschrift* abgeschlossen hat, die Vorteile einer abwartenden Strategie selbst miterleben – nämlich als Teilnehmer an einer der blutigsten militärischen Unternehmungen in der Geschichte Europas, Napoleons Russlandfeldzug von 1812, aufseiten der russischen Verteidiger.

2.2 Napoleons Erfolg und Napoleons Scheitern

Clausewitz war Zeuge nicht nur von Napoleons Erfolg, sondern auch von dessen Scheitern. Napoleon scheiterte genau an der Art von ausweichender, verteidigender Strategie, deren Grundzüge Clausewitz in seiner *Bekenntnisdenkschrift* formuliert hatte. Der gigantische Feldzug, den Napoleon 1812 gegen Russland führte und der ihn bis nach Moskau brachte, endete in einer Katastrophe. Napoleon versammelte im Frühjahr 1812 knapp eine halbe Million Soldaten an der Grenze zu Russland, die aus Frankreich und verbündeten Staaten in Deutschland, Italien und Polen stammten. Dagegen war die russische Armee, Clausewitz' eigenen Schätzungen zufolge, an der Grenze nur etwa 180 000 Soldaten stark (RF, 14, 56). Aber Napoleon konnte seine Überlegenheit nicht in einen entscheidenden Erfolg umwandeln. Obwohl er mehrere Siege errang und sogar Moskau eroberte, ergab sich Russland nicht. Am Ende blieb der französischen Armee, die im Verlauf des Feldzugs kein einziges Gefecht verloren hatte, nur ein desaströser Rückzug.

Als verbündete Macht beteiligte sich auch Preußen mit einem Kontingent von 20 000 Soldaten an Napoleons Russlandfeldzug. Darunter fehlte allerdings Clausewitz. Gemeinsam mit einigen anderen preußischen Offizieren (auch Gneisenau zählte dazu, nicht aber Scharnhorst) verließ Clausewitz den Dienst beim preußischen König, um sich stattdessen den Feinden Napoleons anzuschließen. Clausewitz trat in den Dienst des russischen Zaren Alexander ein. Als Offizier der russischen Armee nahm er selbst am Kriegsgeschehen teil. Jahre später – zwischen 1823 und 1827 (Herberg-Rothe 2001, 28) – verfasste er eine historische Studie, die aus autobiografischer Perspektive über den Ablauf des Kriegs berichtet. Clausewitz' Schrift *Der russische Feldzug von 1812* (zitiert als RF) enthält viele der Einsichten, die er auch in *Vom Kriege* formuliert. In der Tat hatte er davor bereits einen erheblichen Teil seines Hauptwerks abgeschlossen. In seinem historischen Bericht gibt es an mehreren Stellen theoretische Exkurse, die im Wortlaut Formulierungen verwenden, die auch in *Vom Kriege* auftauchen. Auch die Wendung, dass »die Angriffsform die schwächere und die Verteidigungsform die stärkere im Kriege« ist, findet sich in seiner historischen Schrift (RF, 64). Für Clausewitz illustriert Napoleons Scheitern in Russland exemplarisch die Stärke, die der verteidigenden, abwartenden Form des Kämpfens in militärischen Konflikten zukommt.

Der spezifische Stil der Clausewitz'schen historischen Analyse besteht darin, immer wieder Entscheidungssituationen zu rekonstruieren. Immer wieder legt Clausewitz dar, warum Heerführer diese oder jene Entscheidung getroffen haben und was ihre Alternativen waren. Der Schluss bzw. die Hauptpointe seiner Schrift *Der russische Feldzug von 1812* ist die Erkenntnis, dass Napoleon den Krieg eigentlich gar nicht gewinnen konnte, solange nur die russischen Feldherrn die richtigen Entscheidungen trafen. Wenn die russische Armee sich unter kontinuierlichem Widerstand ins Innere des Landes zurückzog, dann würde der französische Angriff irgendwann notwendig einen Punkt erreichen, an dem die eigenen Kräfte überdehnt und ausgezehrt waren. Clausewitz nennt diesen Punkt den »Kulminationspunkt der französischen Offensive« – den Punkt, »wo das ganze Gewicht der aufgehobenen und nicht überwältigten Last auf sie zurückschlagen sollte« (RF, 136). Wie ein Körper, der sich immer mehr anstrengt, irgendwann erschlaffen muss, so musste auch dem französischen Angriff irgendwann die Kraft ausgehen. Und je größer die vorherige Anstrengung war, desto stärker war die Schwächung – und deshalb auch der zu erwartende Rückschlag. Für die russische Seite kam im Verlauf des Feldzugs also alles darauf an, eine frühe Entscheidung zu vermeiden und damit das »Gewicht«, das auf dem vordringenden, immer weiter von seiner Basis entfernten Angreifer lastete, kontinuierlich zu erhöhen. Es kam darauf an, unter allen Umständen eine Entscheidungsschlacht zu vermeiden und trotzdem den Kampf nicht aufzugeben.

Genau dies ist in Russland 1812 geschehen – allerdings nicht, weil die russischen Heerführer die Stärke einer Strategie des Abwartens verstanden und bewusst gewählt hatten, sondern eher im Gegenteil, weil sie aufgrund von Zufällen, Missgeschicken und glücklichen Umständen letztlich genau die Entscheidungen trafen, die zum Erfolg führten. Wie in der *Bekenntnisdenkschrift* zum preußischen Widerstand, so etabliert Clausewitz auch in der historischen Studie zum russischen Feldzug einen Kontrast zwischen dem, was Menschen für möglich halten, und dem, was in Wahrheit – durch die richtigen strategischen Entscheidungen –

möglich ist. Einerseits beschreibt Clausewitz immer wieder, dass auf der russischen Seite während des Rückzugs der Eindruck vorherrschte, der Krieg laufe »sehr schlecht« (RF, 80). In der Armee sah man dem kontinuierlichen Zurückweichen »ganz verwundert« zu (RF, 58). Der Gedanke, dass man »im Zurückgehen stärker« wurde, war unbekannt (RF, 59). Der Rückzug ins Innere des Landes geschah nicht aus Überzeugung oder Einsicht, sondern weil eine Reihe zufälliger Konstellationen dazu führte. Die Entscheidung, Gefechten auszuweichen oder sich nur kleinen Scharmützeln zu stellen, wurde oft »nur aus Nebenrücksichten und ohne klares Bewusstsein für den Sinn dieses Feldzugs getroffen«; sie war nur »durch den bloßen Drang der Umstände« bedingt (RF, 75, vgl. auch 78). Die Stimmung, in der sich die russischen Truppen zurückzogen, war dementsprechend die einer Niederlage. Eine »Stimmung der Trauer und Niedergeschlagenheit, die einen nahen Frieden als den einzigen Ausweg betrachtete«, herrschte noch, als sich Napoleon schon in Moskau befand (RF, 136). Es fühlte sich an wie eine Aufgabe des Kampfs, wenn einer Schlacht immer wieder ausgewichen wurde. Gleichzeitig bedeutete der Rückzug, dass Dörfer und Städte aufgegeben wurden. Die russische Armee entwickelte zunehmend eine Taktik der verbrannten Erde. Nichts oder möglichst wenig sollte der französischen Armee bei ihrem Vordringen dienlich sein können.

Aber andererseits war bei nüchterner Analyse klar, dass die Geschehnisse der russischen Seite sehr in die Hand spielten. Napoleon brachte sich in eine zunehmend unhaltbare Lage. Er »hatte sich in eine so schlimme Angelegenheit verwickelt, dass die Sachen anfingen, sich für die Russen von selbst zu machen und ein glücklicher Erfolg ohne vieles Zutun entstehen musste« (RF, 85). Napoleon drang mit einer großen Anzahl an Soldaten, die nur auf wenig Raum konzentriert waren, immer tiefer in ein fremdes, nur wenig besiedeltes Land vor. Die Versorgungs- und Rückzugslinie der französischen Armee wurde immer länger. In der Tat waren Versorgungsprobleme eine wesentliche Ursache der französischen Verluste. Logistisch bestand schon ganz zu Beginn des Feldzugs eine große Schwierigkeit darin, so viele Soldaten überhaupt mit angemessener Nahrung zu versorgen. Hunger und Krankheit rafften einen erheblichen Teil der französischen Armee dahin – auch deshalb, weil, wie Clausewitz kritisiert, Napoleon nicht genügend Rücksicht auf diese logistischen Belange nahm. Bei früheren Feldzügen in Österreich und Deutschland konnte Napoleon seine Armeen leicht aus dem Land ernähren, in das er vorrückte. In Russland war dies wegen der Taktik der verbrannten Erde und der spärlichen Besiedlung viel schwieriger. Zugleich wurde Napoleons Armee auch deshalb geschwächt, weil er Truppen zurücklassen musste, die die Nachschublinie deckten und die Flügel verteidigten.

Während die französische Armee beim Vorrücken zunehmend an Stärke verlor, ging es der russischen Armee physisch verhältnismäßig deutlich besser (RF, 120). Auch Clausewitz berichtet von schrecklichem Durst, den er litt – es war ein sehr heißer Sommer, und man freute sich mitunter schon über eine schmutzige Pfütze am Wegesrand (RF, 80). Aber die russische Armee zog sich in ein Land zurück, das ihr freundlich gesinnt war. Verstärkungen kamen ihr entgegen. Es gab Städte wie Smolensk, Lager mit Getreide, kurz, die physische Versorgung der Truppen war im Ganzen relativ komfortabel. An mehreren Stellen vergleicht Clausewitz die Entwicklung der Truppenstärke auf beiden Seiten. Obwohl in den Gefechten, die stattfanden, tendenziell die russische Armee mehr Kämpfende verlor als die besser trainierte französische, fand über die Zeit eine Angleichung der Stärke der Streitkräfte statt, bis am Ende die russische Armee der französischen zahlenmäßig überlegen war. Von der halben

Million Soldaten, mit der Napoleon den Feldzug im Juni 1812 begann, erreichten nur etwa 90 000 Moskau. Zu diesem Zeitpunkt, im Oktober 1812, war die russische Armee, die aus Moskau abgezogen war, etwa 120 000 russische Soldaten stark.

Bei nüchterner Betrachtung der strategischen Entwicklung des Feldzugs wird klar, dass der russische Rückzug Napoleons Scheitern bedingte. Der Rückzug bzw. die Taktik, sich der direkten Konfrontation zu entziehen, brachte Napoleon in eine Lage, in der ihm schließlich nur der Rückzug blieb. Im Oktober 1812 hoffte Napoleon, dass der Zar nun endlich, da er eine der zwei russischen Hauptstädte erobert hatte, ein Friedensangebot machen würde. Aber Zar Alexander lehnte ab. Er tat einfach nicht das, was die Lage zu gebieten schien, nämlich akzeptieren, dass er verloren hatte (RF, 135, 138). Genau betrachtet fußte Napoleons Erfolg immer nur auf der Prämisse, dass sich der Gegner auch ergab (RF, 128). In *Vom Kriege* spekuliert Clausewitz, dass dieselbe verteidigende Strategie auch schon früher gegen Napoleons Strategie des Angriffs hätte angewandt werden können. Auch Österreich hätte sich schon 1805, nach der verheerenden Niederlage bei Austerlitz, einfach Verhandlungen verweigern können, eine Besetzung weiter Teile des Landes hinnehmend (VK, 327).[19] Aber niemand wusste, niemand kannte zu diesem Zeitpunkt die Stärke einer verteidigenden Strategie.

Clausewitz' Studie zum Russlandfeldzug illustriert und untermauert genau die Einsichten in die Stärke der Verteidigung, die in seiner *Bekenntnisdenkschrift* angelegt sind. Dies gilt sowohl in »moralischer« wie in »technischer« Hinsicht. In moralischer Hinsicht beschreibt Clausewitz – nun im Ton des nüchternen Beobachters und nicht in einer Stimmung nationalistischer Ekstase –, welche enorme Kraft durch den Widerstand gewonnen werden kann. Ganz nüchtern betrachtet ist der Gedanke, dass Rückzug ein Ausdruck von Schwäche ist, falsch. Abwarten und

Sich-Entziehen vergrößern mit der Zeit die eigene Stärke. Die Stimmung der Niederlage, die auf russischer Seite noch nach der Eroberung Moskaus verbreitet war (RF, 136), fußt auf einer Ignoranz der prekären Lage, in die sich Napoleon gebracht hatte. Zugleich ist diese Stimmung vor dem Hintergrund der russischen Verluste verständlich. Wer die Stärke der Verteidigung nutzen möchte, der zahlt dafür einen Preis. Dieser Preis besteht in der teilweisen Besetzung des eigenen Landes, sogar in seiner Zerstörung. Eine der bekanntesten Episoden des Feldzugs ist der Brand Moskaus. Weil in Frankreich im Nachhinein der Brand als die Hauptursache der Niederlage dargestellt wurde, geht Clausewitz ausführlich auf die Spekulationen über die wahren Gründe des Brands ein (RF, 132–6). In der russischen Bevölkerung setzte sich die Meinung durch, dass die Franzosen die Stadt angesteckt hätten, und dies trug zur Mobilisierung für die Fortführung des Kriegs bei. Aber in Wahrheit war es wohl entweder einfach Chaos oder die Fortsetzung der zur Routine gewordenen russischen Taktik der verbrannten Erde oder aber tatsächlich eine geheim gehaltene Entscheidung des Stadtgouverneurs selbst, die den Brand bedingte. Clausewitz argumentiert, dass die geschwächten französischen Truppen eigentlich ein großes Interesse daran hatten, die Stadt unversehrt zu übernehmen, und dass dieses Interesse in den Übergabeverhandlungen sehr deutlich wurde.

Wer abwartet und sich entzieht, der muss Verluste in Kauf nehmen. Im Fall des Russlandfeldzugs bezahlten nicht zuletzt viele einfache Menschen, deren Häuser zerstört und deren Felder verwüstet wurden oder die ihr Leben, ihre Familien oder ihre Gesundheit verloren, den Preis für die Niederlage Napoleons. Es erscheint mir persönlich ganz unmöglich, diesen Preis zu »verrechnen« mit den Vorteilen des Siegs einer Armee dieses oder jenes Landes. Der Konflikt findet statt in Zeiten eines unhinterfragten und hochproblematischen, ideologischen Nationalismus, auch in Zeiten der Tyrannei und des Despotismus. Aber deshalb ist die Einsicht, die Clausewitz' Analyse zugrunde liegt und die allgemein das Wesen des Kämpfens als Praxis charakterisiert, nicht falsch. Wer schwach ist, kann gewinnen, wenn er sich zunächst entzieht und bereit ist, etwas aufzugeben. Gegen einen stark überlegenen Gegner wie das Napoleonische Frankreich, der alles auf Angriff setzt, konnte Russland durch Abwarten, Rückzug und kontinuierlichen Widerstand dennoch gewinnen. Napoleon führte den Krieg gegen Russland genau so, wie er auch seine anderen, erfolgreichen Kriege geführt hatte: »Mit entscheidenden Schlägen anzufangen und die dadurch erhaltenen Vorteile zu neuen entscheidenden Schlägen zu benutzen, so den Gewinn immer wieder auf eine Karte zu setzen, bis die Bank gesprengt sei, das war seine Art.« (RF, 194–5)[20] Napoleons Erfolg ist auf diese Strategie zurückzuführen: »Man muss sagen, dass er den ungeheuren Erfolg, welchen er in der Welt gehabt hat, nur dieser Art verdankt; dass dieser Erfolg bei einer anderen kaum denkbar war.« (RF, 194–5) Aber dieselbe Strategie ist die Ursache nicht nur von Napoleons Erfolg, sondern auch seines Scheiterns. Napoleon wandte in Russland genau die Strategie an, die ihm 1797 in Italien, 1805 und 1809 in Österreich und 1806 in Preußen überwältigende Siege gebracht hatte. Sein Scheitern in Russland war nicht einem plötzlichen Abweichen von seinem Erfolgsrezept oder von Fehlern, die er anderswo vermieden hatte, geschuldet. Sein Scheitern war ein Resultat der adäquaten Antwort, die die russische Armee auf Napoleons Strategie gefunden hatte.

Napoleons Erfolg und Napoleons Scheitern haben ihre Ursache nicht in einer Veränderung von Napoleons eigenem Handeln, sondern in einer geänderten Strategie seiner Gegner. Wer dem Tyrannen – so würde es Clausewitz sehen – mit Mut und Opferbereitschaft entgegentritt, der kann ihn auch mit unterlegenen materiellen Ressourcen besiegen, so wie David im Alten Testament Goliath besiegt. Notwendig war dafür nur die richtige Art der Verteidigung. Notwendig war eine Verteidigung, die Napoleon dort traf, wo er verwundbar war, und sich den von Napoleon vorgegebenen Bedingungen des Kampfes (d.h. Konfrontation in einer Entscheidungsschlacht) entzog. David besiegte Goliath nicht mit Schwert und Rüstung, sondern mit einer Schleuder.[21] Zu den konkreten Bedingungen von Napoleons Scheitern gehörte auch die schiere Größe Russlands. Eine »aktive Verteidigung« war in Russland leichter zu organisieren als in Preußen. Das Land war so groß, dass man darin mit dem Angreifer »Zeck jagen«, d.h. Verstecken spielen, konnte (RF, 127, auch 90). Wenn man diese Erkenntnis auf andere Konfliktsituationen übertragen möchte, so stellt sich immer die Frage, was der Verteidiger aufgeben kann und muss, um den Angreifer über den Kulminationspunkt seines Angriffs hinauszulocken. Im Russlandfeldzug waren dies die Aufgabe der territorialen Kontrolle sogar über die Hauptstadt Moskau und die Inkaufnahme einer Verwüstung weiter Teile des Landes. Gewann man so wirklich mehr, als man verlor? Aus Sicht des Zaren und seiner Macht wohl schon; aus Sicht der Bewohner des verwüsteten Landes, sofern sie sich nicht primär als Untergebene des Zaren verstanden, wohl eher nicht. Die Frage, die sich der Verteidiger stellen muss, ist so immer wieder: Was kann ich aufgeben, um am Ende zu gewinnen? Bis zu welchem Punkt kann ich warten, bis ich mit einer ernsthaften Konfrontation beginne? Der Hinweis, der sich aus der Clausewitz'schen Kriegstheorie ableiten lässt, ist der Ansporn, sich diese Frage ernsthaft zu stellen – anstatt entweder selbst nur auf Angriff zu setzen (wie es viele russische Generäle 1812 ernsthaft wollten) oder gleich aufzugeben (wie es die preußische Regierung 1812 tat, als sie das Bündnis mit Napoleon als einzige Option sah). Wer sich wirklich dazu entschließt, der wird Mittel und Wege des Widerstands finden.

Die Erkenntnis der Stärke des Abwartens strukturiert nicht nur Clausewitz' militärische Analyse. Clausewitz beschreibt die Vorteile einer abwartenden Haltung auch auf der Ebene ganz konkreter zwischenmenschlicher Beziehungen. Um dies zu zeigen, möchte ich im Folgenden einen Blick auf die persönlichen Begegnungen und Gespräche werfen, die Clausewitz in seiner Schrift zum Russlandfeldzug schildert.

2.3 Clausewitz und Phull

Clausewitz' historischer Bericht vom Russlandfeldzug ist spannend und fesselnd erzählt. Er ist es auch deshalb, weil Clausewitz immer wieder die Menschen charakterisiert, denen er begegnet ist – vor allem die Entscheidungsträger auf russischer Seite. Es geht nicht nur in trockener Erzählung um Bewegungen von Truppen in diese oder jene Richtung. Es geht in seiner Studie um die Situationen, in denen wichtige Entscheidungen getroffen wurden. Es geht um Persönlichkeiten, ihre Schwächen und ihre Stärken, um die Stimmung in Vorzimmern und um Begegnungen. Kurz: Es geht um Beziehungen und wie Menschen sich in ihnen verhalten. Aus solch psychologisch feinfühliger Analyse entwickelt Clausewitz die Darstellung des Kriegsverlaufs, vom französischen Aufmarsch an der Grenze im Juni 1812 bis zum Verlassen des Landes der verbliebenen Reste der französischen Armee im Dezember 1812.

Die Stärke des Abwartens ist in Clausewitz' Text vor allem Bestandteil des militärisch-strategischen Vokabulars. Aber eine abwartende Haltung taucht auch ganz praktisch-lebensweltlich in seinen Charakterskizzen und in den Gesprächsverläufen auf, die er schildert – ohne dass er dies theoretisch weiter aufgearbeitet hätte. Clausewitz charakterisiert ausführlich besonders einen Entscheidungsträger, dem die Tugend des Abwartens fehlt, und er beschreibt mehrere Situationen, in denen eine vorsichtige, abwartende Haltung zum Erfolg führt. Sein Beispiel für eine Persönlichkeit, der die Geduld fehlt, ist Karl Ludwig von Phull. Phull war ein hochrangiger preußischer Offizier, der schon lange vor Clausewitz in den Dienst des russischen Zaren Alexander übergewechselt war. Schon kurz nach der preußischen Niederlage gegen Napoleon 1806 hatte sich Phull auf einer Reise nach Sankt Petersburg, wo er eigentlich einen Auftrag des preußischen Königs zu erledigen hatte, entschlossen, in Russland zu bleiben. In den folgenden Jahren erarbeitete er sich eine Beziehung zum russischen Zaren Alexander. Der Zar beriet sich immer wieder mit ihm in militärischen Belangen. In der Tat war es Phull, der einen strategischen Plan für den Kampf gegen Napoleons Armee entwickelte, der – zunächst wenigstens – umgesetzt werden sollte. In der historischen Rezeption wurde Phull mitunter ein wesentlicher Anteil an der erfolgreichen Verteidigung Russlands zugewiesen, was auch an einem Dankesbrief liegt, den ihm der Zar später schrieb.[22]

Clausewitz wurde, als er 1812 in den russischen Dienst eintrat, zunächst Adjutant und Untergebener Phulls. Er konnte so selbst miterleben, wie Phull versuchte, seinen Plan umzusetzen – einen Plan, der »die zufällige Veranlassung zu der Wendung geworden [ist], die der Feldzug genommen hat« (RF, 17). Phulls Plan bestand darin, die französischen Truppen nicht direkt an der Grenze zu attackieren, sondern sich bis zu einer Stellung im Inneren des Landes zurückzuziehen und dort zu verteidigen. Den Gedanken des Rückzugs fand Clausewitz richtig; als falsch sah er aber die Fixierung auf eine spezifische Stellung an. Diese Fixierung machte den Phull'schen Plan unflexibel. Außerdem war es schwierig, überhaupt eine geeignete Stellung zu finden. Clausewitz hatte selbst den Auftrag, die schließlich ausgewählte Stellung zu inspizieren, und kam zu dem Schluss, dass sie aus mehreren Gründen untauglich war (RF, 24–26). Nicht zuletzt war sie aus seiner Sicht nicht weit genug im Inneren des Landes gelegen.

Clausewitz sollte dem Zaren über die Ergebnisse seiner Inspektion berichten, unter Anwesenheit Phulls. Phulls Reputation beim Zaren hatte zu diesem Zeitpunkt schon gelitten. Die russischen Offiziere und Heerführer wehrten sich gegen die Empfehlungen einer Person, die sie als Außenseiter ansahen. Phull besaß zwar einen uneigennützigen Charakter und einen brillanten Intellekt, aber – so charakterisiert ihn Clausewitz – wenig praktische Befähigung (RF, 11). Er hatte in den fünf Jahren in Russland die russische Sprache nicht gelernt und konversierte mit dem Zaren nur auf Französisch. Wie Clausewitz auffiel, kannte Phull nicht einmal die Namen wesentlicher Entscheidungsträger in der russischen Armee. Phull war ein weltfremder Charakter. »Er hatte von jeher ein nach außen so abgeschlossenes geistiges Leben geführt, dass er von der Welt der täglichen Erscheinungen nichts wußte.« (RF, 8) Er zeigte »bittere Ironie« gegenüber seiner Umwelt (RF, 9). Phull benahm sich immer wieder so, als ob er nur ein Opfer der Dummheit der Welt wäre, was ihm – aufgrund seiner sonstigen intellektuellen Brillanz – aber nicht zum Schaden gereichte, sondern im Gegenteil seine Reputation der Genialität verstärkte.

In dem Gespräch mit dem Zaren, in dem er von der Inspektion der Stellung in Drissa berichtete, wollte Clausewitz seine Zweifel am Phull'schen Plan artikulieren, ohne seinen direkten Vorgesetzten bloßzustellen. Er tat dies, indem er »auf eine leise Art die Schwierigkeiten« berührte, »in die man verwickelt werden könnte« (RF, 29). Clausewitz preschte also nicht vor mit seinem Einspruch. Er versuchte, klug zu handeln, indem er seinen Bericht beim Zaren auf den Gegenstand – die Inspektion der

Stellung – beschränkte, aber dennoch vorsichtig auf mögliche Probleme hinwies. In der Tat schöpfte Zar Alexander von Neuem Verdacht, »sich in eine Sache embarquiert zu haben, die nicht reiflich genug überlegt wäre« (RF, 29). Durch eine vorsichtige, abwartende Haltung erreichte Clausewitz sein ganz konkretes Ziel, Zweifel am Phull'schen Plan zu schüren, ohne seinen Auftraggeber bloßzustellen.

In Clausewitz' Studie ist noch eine zweite Situation geschildert, die exemplarisch die Stärke einer abwartenden Haltung im zwischenmenschlichen Bereich illustriert. Die russische Armee hatte bereits den Rückzug angetreten in Richtung Drissa (wo die Phull'sche Stellung gelegen war). Plötzlich erreichten die Armeeführung Berichte über eine mögliche Umgehungsbewegung der französischen Truppen. Phulls Reaktion auf diese Nachrichten war exemplarisch für seine Weltfremdheit. Anstatt konstruktiv zu überlegen, was nun zu tun sei, gab Phull dem russischen Befehlshaber und dessen Skepsis gegenüber dem Phull'schen Rückzugsplan die Schuld. Dieser habe, so behauptete Phull, den Rückzug absichtlich verzögert. Darin steckte auch ein Teil Wahrheit; einer der anwesenden hochrangigen russischen Militärs, der Fürst Wolochonski, »schien dies einzuräumen, machte aber die ganz natürliche Bemerkung, dass es doch immer darauf ankomme, wie jetzt verfahren werden müsse« (RF, 33). Es kam darauf an zu überlegen, wie nun konstruktiv auf die Situation zu reagieren sei, anstatt Schuldzuweisungen vorzubringen.

In zwischenmenschlichen, politischen Beziehungen ist die Haltung Phulls, egal welche konkreten Gründe sie hat und egal wie berechtigt sie im konkreten Fall war, wenig produktiv. Sie brachte ganz konkret Phull in eine Situation, in der er an den gemeinsamen Belangen gar keinen Anteil mehr hatte. Clausewitz schildert, wie er sich mit zwei jüngeren Offizieren zusammentat und über die Lage beriet. Sein eigener Eindruck war, dass die

Nachricht von der französischen Umgehungsbewegung, die momentanen Schrecken verursachte, gar nicht gesicherten Tatsachen entsprach. In einer solchen Lage war es besser, beim derzeitigen Plan zu bleiben, anstatt rasch alles umzuändern und in neue Probleme zu geraten. Tatsächlich setzte sich Clausewitz' Haltung im Kreis der jüngeren Offiziere durch: »Wie gewöhnlich in einem Kriegsrat derjenige recht behält, der nichts tun will, so geschah es auch hier.« (RF, 35) Man blieb also beim festgesetzten Kurs und empfahl dies auch dem Zaren Alexander, der schließlich zustimmte. In der Tat stellte sich später heraus, dass die französische Umgehungsbewegung übertrieben und falsch dargestellt worden war.

Clausewitz' Charakterisierung Phulls und seine Schilderung der Entscheidungssituationen zeigen, dass die Stärke der abwartenden Haltung – einer Haltung, die angesichts von Problemen weder gleich aufgibt noch ihr Heil in blindem Aktionismus sucht – nicht nur und nicht allein militärischen Analysen entnommen ist. Die Entscheidung, hier und jetzt den Kampf nicht aufzugeben, obwohl im Drang des Augenblicks die Probleme überwältigend groß scheinen, ist eine praktisch-lebensweltliche Haltung, nicht allein eine militärische. Es ist die Haltung, die Scharnhorst nach der Niederlage 1806 dazu brachte, in Preußen zu bleiben und »an die gesunden Fäden, die sich von dem zerrissenen Gewebe noch vorfanden, neue anzuknüpfen« (RF, 10; siehe Abschnitt 1.1 oben) – im Gegensatz zu Phull, der alles stehen und liegen ließ und nach Russland ging.

Die Einsicht, die Clausewitz in militärischer Hinsicht aus seiner Analyse des Russlandfeldzugs gewann, entspricht einer Haltung, die Clausewitz selbst in Situationen einnahm, in denen gemeinsam entschieden werden musste, welche von vielen die bessere Maßnahme ist. Im Gespräch mit dem Zaren wies Clausewitz nicht rundheraus auf alle Probleme hin, die er mit der

Phull'schen Stellung in Drissa hatte. Er wies »leise« auf Probleme hin und erreichte so sein Ziel, ohne dass die Situation zu einem Bruch mit Phull oder zu einer anderweitigen Eskalation führte. Er fand ein Mittel, für sein Ziel zu kämpfen – nämlich den Phull'schen Plan, den er als fehlgeleitet wahrnahm, zu demontieren –, das eine direkte Konfrontation vermied. Ähnlich schildert Clausewitz sein eigenes Verhalten auch in der zweiten Situation. Er ging auch hier nicht konfrontativ vor. Er wartete ab, wie sich die anderen verhielten. Er sprach sich dafür aus, am gefassten Beschluss so lange nichts zu ändern, bis die Probleme drängender und die französische Umgehungsbewegung gesicherter war. Auch hier setzte er sich durch.

Clausewitz nimmt in seiner Studie zum Russlandfeldzug selbst keine theoretische Auswertung seiner Schilderung des Verlaufs solcher Gespräche vor. Dennoch kann man eine Ähnlichkeit zwischen militärtheoretischer Erkenntnis und lebensweltlicher Haltung erkennen. Diese Ähnlichkeit bezieht sich auf die Stärke einer abwartenden Haltung in Konfliktsituationen. Die Stärke des Abwartens bedeutet nicht, dass Warten immer und in jedem Fall besser ist als entschlossenes Handeln. Sie bedeutet nur, dass sich in einer Situation der Unterlegenheit (Russland gegenüber Napoleon; Clausewitz gegenüber Phull) dann Handlungsoptionen öffnen können, wenn man nicht gleich und sofort die direkte Auseinandersetzung sucht. Die Haltung des Abwartens trifft sich mit den Qualitäten des kriegerischen Genies (vgl. Abschnitt 1.3). Die Fähigkeit des Genies, den Friktionen zu widerstehen, materialisiert sich in der Gabe, sich nicht verunsichern zu lassen, wenn Probleme überwältigend scheinen, sondern abzuwarten, ohne die vorher gefassten Pläne gleich aufzugeben. Entschlossenes Agieren und Abwarten sind insofern keineswegs gegenläufige Optionen. Die Kenntnis der Stärke des Abwartens ist im Gegenteil genau dann bedeutsam, wenn man mit Entschlossenheit Ziele verfolgen möchte, für die einem im Moment die Kraft fehlt. In dieser spezifischen Situation ist es gut, um die Stärke der Geduld zu wissen. Diese grundlegende Einsicht liegt auch Clausewitz' ausgefeilten Überlegungen zu Angriff und Verteidigung in *Vom Kriege* zugrunde.

2.4 Verteidigung als stärkere Form des Kampfes

Das Buch zur Verteidigung ist bei Weitem das Längste in *Vom Kriege*. Verteidigung ist der Gegenstand, mit dem sich Clausewitz am ausführlichsten beschäftigt. Dass er sich ihm so eingehend widmete, hängt zweifellos damit zusammen, dass Clausewitz in der Frage der Verteidigung ein drängendes politisches Problem erkannte. Die Einsicht in die Stärke der Verteidigung ist nicht rein zeitlos, sie ist zeitgebunden. Sie hat ihren biografischen Ursprung in den politischen und militärischen Erfahrungen, die Clausewitz in den Jahren von Preußens Niederlage 1806 bis zum Ende von Napoleons Herrschaft machte und die – auszugsweise – bis hierher geschildert wurden. In *Vom Kriege* versucht Clausewitz, aus seinen Erfahrungen und Beobachtungen allgemeinere Einsichten zu gewinnen. Seine These, dass Verteidigung »die stärkere Form des Kampfes« ist (VK, 808), soll eine solche Erkenntnis ausdrücken. Wie Clausewitz schreibt, liegt diese These »in der Natur der Sache« (VK, 615). Sie liegt nicht nur in der Erfahrung begründet, sondern ist so etwas wie das begriffliche Destillat der Erfahrung, das sich auch auf andere Situationen anwenden lässt.

Was genau soll es nun bedeuten, dass Verteidigung die stärkere Form des Kämpfens ist? Ist es wirklich immer besser, sich zu verteidigen, als anzugreifen? Wer sollte sich dann überhaupt noch jemals für einen Angriff entscheiden, also die schwächere

Form des Krieges wählen? Angreifen muss, wer etwas Positives erreichen möchte, wer den positiven Zweck verfolgt. Derjenige oder diejenige, die nicht ruhig dasitzen kann, sondern etwas möchte, etwas erlangen möchte, muss sich bewegen – muss angreifen. Aber derjenige oder diejenige, die nur »erhalten« kann oder möchte – die nur den »negativen« Zweck verfolgt –, kann abwarten, was geschieht (VK, 614). Angriff gibt es also deshalb, weil der eine vom anderen etwas möchte, ihn zu etwas zwingen möchte, etwas von ihm haben möchte, das Verhalten des anderen ändern möchte. Verteidigung gibt es deshalb, weil der Angegriffene es nicht hergeben möchte, nicht nachgeben, sich nicht ändern möchte. So verstanden sind Angriff und Verteidigung zwei Modi des Handelns, die in jeder Konfliktsituation – jeder Situation, in der umstritten ist, was jemand tun soll – den Handelnden zur Verfügung stehen.

Clausewitz schreibt in einer Zeit, in der der Angriff mehr gilt als die Verteidigung. Selbst die russischen Befehlshaber wollten im Angesicht der gewaltigen Napoleonischen Armee lieber angreifen als zurückgehen, und nur der Phull'sche Plan leitete einen Rückzug ein, der schließlich in Napoleons Niederlage endete. Wir kennen das Klischee, das demjenigen, der aktiv ist, mehr Wirkung zuschreibt als dem Passiven, dem Geduldigen, dem Leidenden. Still dasitzen und warten, was der andere macht – das gilt meistens nicht als Tugend politischen Handelns. Häufig fliegen die Sympathien demjenigen zu, der sich auf eine Sache nach der anderen stürzt, anstatt abzuwarten. Als Handlungsmodus gilt das aktive, angreifende Element mehr als das passive, verteidigende. Aber man muss – so Clausewitz – einsehen, dass das Klischee oberflächlich ist. Man muss begreifen, dass im Abwarten – sofern es richtig verstanden wird – eine enorme Stärke gebunden ist, auch wenn der Gedanke »der herrschenden Meinung völlig entgegen« steht (VK, 615).

Die Stärke der Verteidigung liegt vor allem in der Ruhe – im Warten, im Abwarten. Wer wartet, der kann innerlich Kraft gewinnen. Wer angreift, verbraucht seine Kraft. Der Verteidiger gewinnt genau dadurch an relativer Stärke, dass sich der Angreifer verausgabt. Sicher wachsen auch dem Handelnden Energien zu – moralische Energien durch die motivierende Kraft der ersten Siege; physische Energien durch die Dinge, die er dem Verteidiger abnimmt. Aber generell und im Allgemeinen ist der Kraftverbrauch für den Angreifer höher als für den, der sich zurückzieht. Der Angreifer erkauft sich »den höheren Zweck mit den größeren Opfern« (VK, 617). Dies erklärt, warum es im Kriegsverlauf zu vielen Perioden des Nichtstuns und Abwartens kommt: »Da nun nach unserer Überzeugung die Überlegenheit der Verteidigung (richtig verstanden) sehr groß und viel größer ist, als man sich beim ersten Anblick denkt, so erklärt sich daraus ein sehr großer Teil der Stillstandsperioden, welche im Kriege vorkommen, ohne dass man genötigt ist, dabei auf einen inneren Widerspruch zu schließen.« (VK, 205–6)

Die Einsicht in die Stärke der Verteidigung ist eine »praxistheoretische« Einsicht. Sie entspricht dem Charakter von Theorie, auf die Clausewitz zielt. Sie soll Stütze und Anhaltspunkt des Urteilens sein, ohne immer und in jedem Fall zu gelten (siehe Abschnitt 1.4). Die Einsicht in die Stärke der Verteidigung ist so etwas wie eine Faustregel, auf die man sich als Handelnder oder als Kritiker stützen kann. Tatsächlich schreibt Clausewitz an einer Stelle – obwohl er zuvor mehrmals betont hat, wie natürlich die Einsicht sei –, dass es immer wieder eine historische Aufgabe gewesen sei, die richtige Art der überlegenen Verteidigung zu finden. Historisch gab es immer wieder Zeiten, in denen sich eine bestimmte »Manier« des Verteidigens überholt hatte, weil neue Formen des Angriffs erfunden worden waren (VK, 620). Die Aufgabe bestand dann darin, neue Arten und Weisen zu finden, mit denen man dem Angriff effektiv begegnen konnte. Der Gedanke der Stärke der Verteidigung macht Optionen der Gegenwehr sichtbar, die für das ungeübte Urteil unsichtbar sind. Dieser Gedanke ist gewissermaßen eine Aufforderung, nicht vorschnell aufzugeben, wenn man sich in einer scheinbar ausweglosen Situation befindet, sondern gründlich zu prüfen, zu warten, zu überlegen, nach Optionen des Widerstands zu suchen. Die Theorie liefert keine Hypothese, die in allen Fällen empirische Gültigkeit beanspruchen könnte. Sie nimmt einem auch nicht die Entscheidung ab, was nun das Richtige in einer bestimmten Situation ist. Sie weist nur in die Richtung angemessenen Urteils und angemessenen Überlegens. Konkret liefert die Theorie zum Beispiel einen ganz praktischen Einwand gegen die Ansichten von Personen wie Phull, die bei unerwarteten Schwierigkeiten gleich denken, alles sei verloren.

In *Vom Kriege* versucht Clausewitz, genau den Charakter einer erfolgreichen Verteidigung zu bestimmen. Mehrere spezifische Merkmale charakterisieren das gute und erfolgreiche Verteidigen. Zentral ist zunächst der Gedanke, dass Verteidigung nicht bloße Passivität und bloßes Warten ist. Abwarten ist zwar das zentrale »Merkmal« der Verteidigung (VK, 613), aber es ist nicht isoliert vom Handeln. Verteidigen ist eine Form der Abwehr, die durch Abwarten und Handeln gebildet wird. Metaphorisch ausgedrückt ist Verteidigung »kein unmittelbares Schild, sondern ein Schild, gebildet durch geschickte Streiche« (VK, 614). Verteidigung ist – in den Worten der *Bekenntnisdenkschrift* – »aktiv«. Abwarten und Handeln wechseln sich ab, sie sind aufeinander bezogen. Nicht zuletzt dient das Warten letztlich dem Handeln. Der Übergang geschieht besonders im Moment des Umschlagens, dem »Kulminationspunkt« des Angriffs. Diesen »Übergang zum Rückstoß« (VK, 633) bereitet das Abwarten vor. Es führt ihn bewusst herbei – es führt dazu, dass sich der Angreifer immer mehr verausgabt und dabei seine Kräfte »konsumiert«, bis der, der überlegen schien, plötzlich besiegbar geworden ist. Der Verteidiger flüchtet sich »gewissermaßen in das Abwarten der entscheidenden Augenblicke« (VK, 229). Interessanterweise schreibt Clausewitz wenig dazu, wie man den Punkt des Umschlagens praktisch erkennt. Er betont nur allgemein, dass es wichtig ist, »beim Entwurf des Feldzuges diesen Punkt richtig festzuhalten« (VK, 944–5), und zwar sowohl für Angreifer wie Verteidiger. Praktisch ist dies natürlich die zentrale Frage – wie man einerseits, aus Sicht des Angreifers, erkennen kann, wozu die eigenen Kräfte ausreichen und wozu nicht; und andererseits, aus Sicht des Verteidigers, erkennen kann, dass nun der Angriff schwächelt, dass nun der Moment ist, selbst zu handeln.

Wie der Ausdruck des Abwartens nahelegt, ist die Stärke des Verteidigens das Resultat eines bestimmten Umgehens mit Zeit und Raum. Verteidigen ist »das Zurückverlegen der Handlung in der Zeit und, insofern der Raum damit in Verbindung steht, auch im Raum, soweit es die Umstände gestatten« (VK, 229). Es ist ein Ausweichen vor direkter Konfrontation, was im zeitlichen Sinn Warten, im räumlichen Sinn Sich-Entziehen bedeutet. Die Zeit, die durch das Warten vergeht, nutzt dem Verteidiger mehr als dem Angreifer, weil ersterer sich stärken kann, während letzterer seine Kräfte verbraucht (VK, 614). Der Raum, den der Verteidiger aufgibt und der Angreifer erobert, muss vom Angreifer kontrolliert werden, und dies kann ihm der Verteidiger schwermachen. In Clausewitz' Begriffen ausgedrückt: Der Verteidiger genießt Vorteile wie den Beistand des Volkes, die Kenntnis der Gegend (VK, 622). Räumlich betrachtet ist Verteidigung eine »exzentrische« und keine »konzentrische« Bewegung, d.h. eine ausweichende und nicht eine konzentrierende (VK, 630). Besonders im Fall der Volksbewaffnung bzw. des Guerillakriegs wird der Verteidiger »wie ein nebel- und wolkenartiges Wesen sich nirgends zu einem widerstehenden Körper konkreszieren« (VK, 803). Die Widerstandsbewegung ist für den Angreifer so schwer zu greifen wie Nebelschwaden oder Wolken mit bloßen Händen. Gleichzeitig materialisiert sich der Widerstandswille des Verteidigers in Blitzen, die der Wolke entfahren (VK, 803) – blitzartigen Konzentrationen zu taktischen Angriffen, die aber genauso schnell wieder verschwinden, wie sie aufgetaucht sind. Diese Form der nebel- oder wolkenartigen Verteidigung kommt dem »reinen« Widerstand (VK, 228) am nächsten. Tatsächlich kann das Sich-Entziehen in ganz unterschiedlich starken Graden geschehen, vom Warten an der Grenze bis zum Rückzug ins Innere des Landes, und nur bei letzterem kommen die Vorteile des reinen Widerstands zum Tragen. Die räumlich ausweichende, zeitlich abwartende Bewegung erhöht die Stärke des Verteidigers, weil er sich seinen Kraftressourcen, seinem Inneren nähert; weil er sich, metaphorisch ausgedrückt, nährt, während der Angreifer sich verausgabt.

Je stärker sich der Verteidiger entzieht, je weiter und umfassender sein Rückzug ist, desto mehr ist der Erfolg des Verteidigers das Resultat nicht seiner eigenen Anstrengung, sondern der Anstrengung des Angreifers. Diese Überlegung bringt Clausewitz in einem zentralen Kapitel des Buchs zur Verteidigung auf den Punkt, in dem er sich mit zwei »Hauptarten des Widerstands« auseinandersetzt: »je nachdem ob der Angreifende durch das Schwert des Verteidigers oder durch seine eigenen Anstrengungen zugrunde gehen soll« (VK, 655). Jede reale historische Verteidigung besitzt Elemente beider Widerstandsarten. Einerseits betont Clausewitz, dass das »Schwert« des Verteidigers an keiner Stelle fehlen dürfe, selbst wenn es bloß als gedachte Bedrohung des Angreifers auftritt. Aber andererseits ist auch klar, dass jedes Verteidigen auf Basis der Annahme operiert, dass der Angreifer sich mehr anstrengt als der, der sich entzieht. Man kann also sagen, dass die zwei Widerstandsarten so etwas wie Idealtypen im Sinn Max Webers sind – d.h., es gibt sie in der historischen Wirklichkeit zwar nicht in isolierter Reinform, aber dennoch sind reale Akte der Verteidigung zumeist eher der einen oder der anderen Art näher.[23] Auf eine Weise ist die zweite Widerstandsart – bei der der Angreifer durch seine eigene Anstrengung »zugrunde« geht – die viel elegantere. Man kann dabei an eine asiatische Kampfkunst wie Aikido denken, bei der man die Kraft des Gegners nutzt, um diesen zu besiegen. Die russische Abwehr gegen Napoleon war sicher nicht in diesem Sinn elegant – dazu war sie viel zu blutig –, aber auf der Ebene der Kraftanwendung entspricht sie doch eher dem zweiten Modell. Napoleons Armee ging zugrunde, weil sie sich überanstrengt und völlig verausgabt hatte. Sie ging an sich selbst zugrunde, die russischen Verteidiger gaben ihr am Ende nur den notwendigen kleinen Stoß, der noch fehlte.

Die beschriebenen Merkmale – die drei Kombinationen aus Abwarten und Handeln, Warten und Sich-Entziehen sowie eigener und gegnerischer Anstrengung – differenzieren das Verständnis von Verteidigung. Sie liefern einen bestimmten theoretischen Begriff von Verteidigung und artikulieren auf theoretischer Ebene, was eine erfolgreiche und gute Verteidigung ausmacht. Sie motivieren dazu, das Aktiv-Sein nicht überzubewerten und das Passiv-Sein zu würdigen und wertzuschätzen. Gleichzeitig weisen sie darauf hin, dass Passiv-Sein nie in Reinform vorliegt. Das Abwarten kann nur funktionieren, wenn es mit Handeln und eigener Anstrengung kombiniert wird. Aber Handeln und eigene Anstrengung nehmen eine bestimmte Form an. Sie geschehen an den Punkten, an denen der Angreifer trotz seiner Überlegenheit schwach ist. Es sind die kleinen Nadelstiche, die unerwarteten Überfälle, die die Verteidigung so enorm stark machen und die die Überdehnung des Angreifers verstärken, bis seine überlegene Kraft erlischt und er selbst nachgeben und abziehen muss.

2.5 Rezeption und Aktualität von Clausewitz' Widerstandstheorie

Clausewitz wurde oftmals nicht als Theoretiker des Widerstands und indirekter, ausweichender Stratege, sondern als Theoretiker des großen zwischenstaatlichen Kriegs und der direkten Konzentration aller Kräfte auf einen Punkt gelesen. In den deutschen Einigungskriegen gegen Dänemark (1864), Österreich (1866) und schließlich Frankreich (1870) war Preußen mit einer Strategie des raschen Angriffs erfolgreich, was dazu führte, dass die Rezeption wenig mit Clausewitz' Gedanken zur Verteidigung anzufangen wusste (Sumida 2008, 191). Nach dem Ende des Ersten Weltkriegs warf der britische Militärhistoriker und Journalist Basil Liddell Hart Clausewitz vor, als »Madhi der Massen« mitverantwortlich zu sein für das Massensterben, weil er den »Geist Napoleons« verbreitet habe – eine Strategie, die ganz auf Angriff setzt und die im verhärteten Stellungskrieg immer wieder zu fruchtlosen, hohe Opferzahlen fordernden Attacken auf befestigte Linien führte (vgl. Bassford 1994b, 319–20). In der jüngeren Zeit hat Mary Kaldor (2000) eine Art der indirekten, asymmetrischen Kriegführung beschrieben (u.a. in den Bürgerkriegen des zerfallenden Jugoslawiens), die sie als »neu« bezeichnete und die der symmetrischen Konfrontation zweier staatlich verfasster Akteure nicht entsprach. Auch Kaldor assoziierte Clausewitz allein mit der »alten« Art der Kriegführung, ohne auf seine Ideen zur Strategie des kleinen Krieges einzugehen.

In der neueren Literatur sind diese Urteile als Vorurteile widerlegt worden (Herberg-Rothe 2014; Daase/Schindler 2009).

Besonders hervor sticht ein Werk des amerikanischen Militärhistorikers Jon Sumida (2008), der versucht hat, die allgemeinere Struktur von Clausewitz' theoretischem Denken freizulegen. Neben dem praxistheoretischen Charakter seiner Theorie (siehe voriges Kapitel 1) betont Sumida vor allem die Zentralität des Gedankens, dass Verteidigung die stärkere Form des Krieges ist. Zu diesem Perspektivwechsel trägt auch die Publikation einer neuen englischsprachigen Übersetzung von Clausewitz' frühen Schriften (darunter auch die *Bekenntnisdenkschrift*) unter dem Titel *On Small War* bei (Clausewitz 2015). In der Tat treffen Clausewitz' theoretische Überlegungen zur Verteidigung das zentrale Merkmal aller kleinen Kriege, sämtlichen Guerillakampfs und des Terrorismus (vgl. Sumida 2008, 192). Guerillakrieg und Terrorismus sind die Waffen des Schwächeren, die den Stärkeren durch dessen eigene Kraftanstrengung besiegen – und nicht im direkten Kampf. Sie kommen also der zweiten »Hauptart« des Widerstands nahe. David Fromkin hat im Fall des algerischen Widerstands gegen das koloniale Frankreich eindrücklich gezeigt, wie der Widerstand durch Provokationen die französischen Autoritäten zu einer Überreaktion veranlasste, die am Ende die ursprünglich keineswegs anti-kolonial gestimmte Bevölkerung vom Programm der Unabhängigkeit überzeugte (Fromkin 1975). In asymmetrischen Konfliktkonstellationen gilt allgemein, dass die Schwachen, genau wie Clausewitz in der *Bekenntnisdenkschrift* empfahl, nur dort angreifen sollten, »wo sich die eigenen Stärken gegen die Schwächen des Gegners richten können, um Hebelwirkungen zu erzielen« (Wassermann 2015, 233).

Da linke Revolutionäre immer wieder mit der Frage konfrontiert waren, wie man einen überlegenen Gegner effektiv bekämpfen kann, haben Clausewitz' Überlegungen zur Stärke des Abwartens bei ihnen besonderen Anklang gefunden. Schon Marx und Engels erkannten, dass Clausewitz ein Verständnis der Beziehung zwischen Angriff und Verteidigung entwickelt hatte, das man als dialektisch bezeichnen kann in dem Sinn, dass es die zwei Begriffe nicht absolut voneinander trennt und isoliert, sondern Übergänge und gegenseitiges Enthaltensein betont (Ancona 1980, 567). Konkret nutzte Lenin Clausewitz, um nach der Oktoberrevolution in Russland 1917 die militärische Strategie der neuen Regierung zu rechtfertigen. Im März 1918 schloss die revolutionäre russische Regierung mit den Mittelmächten Deutschland und Österreich den Frieden von Brest-Litowsk, mit dem Russland die Kontrolle über weite Gebiete abtrat. Lenin legitimierte dieses Vorgehen mit dem Verweis darauf, dass ein Rückzug das Mittel der Wahl für einen schwachen Akteur war. Dies könnte man, so erklärte er, schon »beim alten Clausewitz nachlesen, einem der größten Kriegsschriftsteller« (zit. in Hahlweg 1980b, 639). In der offiziellen Geschichtsschreibung der kommunistischen Partei wurde genau diese Einsicht aufgegriffen. Während Lenin, so heißt es in einem offiziellen Bericht, die Partei zu Zeiten des revolutionären Kampfes gelehrt habe, »wie man furchtlos und entschlossen angreifen muss, wenn die notwendigen Bedingungen hierzu vorhanden sind«, habe er zu Zeiten des Brester Friedens gezeigt, »wie man sich in einem Augenblick, da die Kräfte des Gegners offenkundig unsere Kräfte übersteigen, geordnet zurückziehen muss, um mit größter Energie einen neuen Angriff gegen die Feinde vorzubereiten« (zit. in Hahlweg 1980b, 639–40). Genau wie bei Clausewitz wird hier also die Frage, ob angegriffen oder verteidigt werden soll, mit einer Analyse des Kräfteverhältnisses verbunden. Genau wie bei Clausewitz wird Rückzug als ein Mittel beschrieben, neue Energien zu gewinnen. »Die Geschichte«, so der amtliche Bericht weiter, habe letztendlich »die völlige Richtigkeit der Leninschen Linie erwiesen.« (zit. in Hahlweg 1980b, 640)

Auch bei Mao taucht die Denkfigur eines Rückzugs ins Innere des Landes auf. Mao spricht ganz explizit – und ganz im Clausewitz'schen Sinn – von einer »Lockung des Feindes ins Innere des Landes« (zit. in Heuser 2005, 176). Die Strategie, die Mao im Krieg gegen Japan anwandte, setzte ganz bewusst darauf, dass ein Verteidigungskrieg den Gegner durch dessen eigene Anstrengung besiegen würde, indem er ihn auf ein Terrain lockte, das für diesen nur mit erheblichen Kosten zu kontrollieren war. Mao schrieb: »Ein ausländischer Militärfachmann sagte einst, in der strategischen Defensive solle man in der Regel am Anfang Entscheidungsschlachten unter ungünstigen Umständen vermeiden und sie erst dann suchen, wenn günstige Umstände eingetreten sind.« (zit. in Heuser 2005, 176) Zugleich war sich Mao bewusst, dass derartige Ratschläge immer im Kontext zu betrachten waren und nicht als strikte Handlungsanweisung. In einem Austausch mit lateinamerikanischen Revolutionären, die sich für die chinesischen Erfahrungen des Widerstandskampfs interessierten, betonte er, solche Erfahrungen »sollten immer nur als Anregung, niemals als Dogma betrachtet werden« (zit. in Heuser 2005, 178). In der Tat hat auch Ernesto »Che« Guevara, die Ikone des lateinamerikanischen Guerillakampfes, Clausewitz zitiert, genau wie der nordvietnamesische kommunistische Denker Tru'ông-Chinh während des Vietnamkriegs. Wie Beatrice Heuser resümiert, ging allerdings »keiner von ihnen so weit wie Mao, der eine zusammenhängende Lehre entwickelte und anwandte« – und »keiner von ihnen war letztlich so erfolgreich wie Mao« (Heuser 2005, 180).

Für die linken Revolutionäre war eine verteidigende Strategie nicht allein ein Instrument des militärischen Kampfs, sondern auch der politischen Auseinandersetzung bzw. des Klassenkampfes. Dessen war sich etwa Lenin wohl bewusst (Hahlweg 1980b, 641). In der politischen Philosophie hat vor einigen Jahren Howard Caygill eine Studie vorgelegt, die eine noch stärkere Verallgemeinerung der Clausewitz'schen Theorie vornimmt. Caygill liest Clausewitz ganz explizit als Theoretiker des Widerstands. Er behauptet sogar, dass *Vom Kriege* treffender *Vom Widerstand* betitelt hätte werden können (Caygill 2013, 15). Caygill versucht, Clausewitz' Denken als einen interpretativen Rahmen zu nutzen, um darin die Ideengeschichte des Widerstands im 19. und 20. Jahrhundert einzufangen. In diesem Rahmen haben Karl Marx und Friedrich Nietzsche, Rosa Luxemburg und Lenin, Frantz Fanon und Carl Schmitt, Jean Genet und Raymond Aron, Hannah Arendt und Jean-Paul Sartre genauso Platz wie Manifeste der Zapatisten und der Frauen des Greenham Common Women's Peace Camp, die mit dem Slogan »RESIST THE MILITARY« 1984 gewaltlose Proteste gegen die Stationierung von Nuklearwaffen in Großbritannien organisierten. Caygill zeigt auf, dass auch für einen Denker und Praktiker des gewaltlosen Widerstands wie Gandhi der Begriff des Kämpfens zentral ist (Caygill 2013, 72). Sogar in der psychoanalytischen Theorie Sigmund Freuds spielt der Widerstand der psychisch Erkrankten gegen Heilungsversuche eine wichtige Rolle – ein Widerstand, den der Psychoanalytiker am besten auf geschickte, indirekte Weise überwinden kann.

Die Leistung von Caygill besteht darin, eine Vielzahl interessanter Gedanken nebeneinandergestellt und wertvolle Bezüge zwischen ihnen aufgezeigt zu haben. Gleichzeitig mangelt es Caygills Ideengeschichte aber an analytischer Schärfe und Präzision. Dies wird schon in der Interpretation Clausewitz'scher Gedanken sichtbar. So behauptet Caygill, dass Clausewitz die Verteidigung vor dem Angriff »bevorzuge« – um eine Bevorzugung geht es Clausewitz jedoch nicht, sondern darum, dass, wie Lenin und Mao recht genau wussten, Verteidigung das angemessene Mittel des Schwachen gegen den Starken ist. Es hängt von den positiven oder negativen Absichten und von der eigenen und gegnerischen Stärke ab, welcher Handlungsmodus angemessen ist. Letztlich besteht deshalb auch kein Widerspruch zwischen Clausewitz als Theoretiker des großen und des kleinen Kriegs; beide haben in *Vom Kriege* ihren Ort. Clausewitz sieht Napoleons Vorgehen sehr wohl als adäquat an für einen Angreifer, der einen großen Zweck verfolgt – im Fall Napoleons: Europa erobern will. Aber worauf er hinweist, ist, dass es Mittel gibt, solchem radikalen Expansionismus zu widerstehen.

Caygill ist auch dann unpräzise, wenn er Widerstand begrifflich zu erfassen sucht. Tatsächlich betont er, dass Widerstand immer Gegen-Widerstand hervorrufe – so ist eigentlich jede Kraftanwendung Widerstand, und es gibt letztlich für Caygill gar keinen Unterschied mehr zwischen Angriff und Verteidigung. Die Aufhebung dieses Unterschieds könnte eine zeitdiagnostische These sein; bei Caygill ist sie mehr das Resultat eines Spielens mit Gedanken, bei dem man den klaren Zugang zur Sache verliert. Die Erkenntnis des dialektischen Verhältnisses zwischen Angriff und Verteidigung, Herrschaft und Widerstand kann nicht bedeuten, dass beide komplett ineinander aufgehen und ununterscheidbar werden. Dagegen hätte sich Clausewitz genauso verwahrt wie Lenin, Mao oder Marx und Engels.

An Caygill anschließen möchte ich aber in dem Sinn, dass die Relevanz von Clausewitz heute darin liegen kann, dass seine Ideen zum widerständigen Kämpfen in einer ganzen Reihe von nicht-militärischen Situationen Anwendung finden können. Wie Clausewitz' Praxistheorie artikuliert auch seine Widerstandstheorie eine tiefere Weisheit, die in der Erfahrung des Handelns gegründet ist – die praktische Weisheit desjenigen, der mit der Frage konfrontiert ist, wie gekämpft werden sollte bzw. was nun, hier und jetzt, zu tun ist. Ein von Clausewitz inspiriertes, widerständiges Denken beginnt damit, dass es das, was allen als notwendig und ausweglos scheint, hinterfragt. Es hinterfragt konkret die allgemeine Hoffnungslosigkeit, die aus dem Gedanken resultiert bzw. in ihm zum Ausdruck kommt, dass es keine Alternative gibt. Und gegen diese Hoffnungslosigkeit setzt es Hoffnung, indem es einen einfachen praktischen Weg benennt, wie man dennoch widerstehen kann. Dieser praktische Weg ist nicht einfach in dem Sinn zu verstehen, dass er keine Opfer verlangen oder keinen Mut erfordern würde. Im Gegenteil ist es genau der Weg des Muts, den Clausewitz empfiehlt, im Wissen darum, dass – um noch einmal diesen Satz aus der *Bekenntnisdenkschrift* zu zitieren – »nichts so wahr [ist], als dass außerordentliche Unglücksfälle, wenn der Mensch sich einmal entschließt, ihnen mit außerordentlichen Mitteln zu begegnen und alle seine Kräfte gegen sie zu richten, dazu dienen, ihn über sich selbst zu erheben und Kräfte des Gemüts und Verstandes in ihm aufregen, von deren Dasein er selbst nichts ahnte« (VK, 202). Der Weg des Widerstands ist nur in dem Sinn einfach, dass er kein kompliziertes technisches Wissen voraussetzt. Er besteht darin, in einer Situation der Unterlegenheit nicht gleich die direkte Konfrontation zu suchen, sondern sich stattdessen nach einem anderen Ausweg umzusehen. Dieser Ausweg ergibt sich durch Abwarten und kontinuierlichen Widerstand. Er ergibt sich durch das Ausweichen vor dem direkten Kampf und seiner gleichzeitigen indirekten Fortsetzung. Auf diese Weise wird man, so argumentiert Clausewitz, den richtigen Punkt finden, an dem die Kräfteverhältnisse sich verkehren und die vormalige Schwäche zur Stärke wird. Verteidigen bedeutet vor allem »das Abwarten der entscheidenden Augenblicke« (VK, 229).

Der praktische Weg des Widerstands, den Clausewitz den Schwachen empfiehlt, ist das genaue Gegenteil des Wegs, den Phull beschritten hat, der immer gleich bei den kleinsten Schwierigkeiten aufgab und sich selbst nur als Opfer der Welt wahrnahm.

Besonders schwierig ist dieser Weg tatsächlich am Anfang. Er verlangt, einen grundlegenden Impuls zu korrigieren und weder gleich aufzugeben, noch das Ausweichen vor dem direkten Kampf als Schwäche zu interpretieren. Aber wer sich auf diesem Weg übt, wer immer wieder die Erfahrung macht, wie stark man werden kann, wenn man widersteht, der kann eine Persönlichkeit werden, für die Mut eine ganz natürliche, kämpferische Haltung gegenüber den Problemen und praktischen Hindernissen der Welt ist.

3. Die Bedeutung des Zwecks: Clausewitz als Theoretiker der Politik

Wozu überhaupt kämpfen? Die dritte zentrale Einsicht, die Clausewitz erst recht spät bei der Ausarbeitung von *Vom Kriege* gewann, ist, dass diese Frage sehr bedeutsam ist. Es ist von sehr großer Bedeutung für die, die kämpfen, sich über den Zweck ihres Kampfes im Klaren zu sein. Tatsächlich lag für Clausewitz ein zentrales Problem darin, dass diese Frage zu selten gestellt wurde. Clausewitz gewann in den Jahren nach der Niederlage Napoleons, als er Direktor der Allgemeinen Kriegsschule in Berlin wurde, den Eindruck, dass Antworten auf strategische Fragen zu oft rein auf der Ebene der Strategie gesucht wurden. Es wurde suggeriert, dass sich militärstrategische Probleme rein durch strategisches Kalkül lösen ließen. Dies hielt Clausewitz für einen fatalen Irrtum. Die Frage, was strategisch sinnvoll ist, lässt sich keinesfalls unabhängig von der Frage beantworten, was man politisch erreichen will. Man gerät in schwierige Probleme, wenn man sich auf einen Konflikt einlässt, ohne sich zu fragen, was man damit eigentlich erreichen möchte. Kämpfen ist eine Form des Tätigseins, die immer abhängig ist von etwas, das außerhalb ihrer selbst steht. Es ist keine Tätigkeit, die man isoliert von anderen Tätigkeiten rein für sich ausführen oder denken kann. Kampf ist kein Selbstzweck, sondern geschieht immer um eines anderen Zwecks willen. Diese Erkenntnis brachte Clausewitz auf die viel zitierte Formel, dass Kriegführen die Fortsetzung der Politik mit anderen Mitteln ist.

In diesem Teil des Buchs werde ich mich ausführlich mit dieser dritten Einsicht auseinandersetzen. Biografisch fällt diese Einsicht in den letzten Lebensabschnitt Clausewitz' – die »Zeit des Nachdenkens« (Aron 1980, 62). Clausewitz starb im November 1831 bei einem Militäreinsatz zur Niederschlagung eines Aufstands in Polen an der Cholera, genau wie kurz zuvor Gneisenau. Drei Jahre zuvor, 1827, hatte Clausewitz festgehalten, dass er eine Umarbeitung seines Werks beabsichtige. Diese Umarbeitung sollte die Formel, auf die er im selben Jahr gestoßen war, systematisch im Werk verankern. Es ist Clausewitz nur unvollständig gelungen, seine Umarbeitung auch umzusetzen, und in der Rezeptionsgeschichte wurde immer wieder darum gerungen festzustellen, was nun die aktuellen und was die alten Teile seines Werks sind. Ich denke, dass diese Frage gar nicht von besonders großer Bedeutung ist. Die dritte Einsicht steht auf theoretischer Ebene in Einklang mit den ersten beiden, in den vorigen Kapiteln eingeführten Einsichten. Sie baut darauf auf und steht in Widerspruch weder zum Nutzen der Theorie noch zur Stärke des Abwartens. Aber eine Theorie des Kämpfens ist dennoch, das kann man der späten Einsicht Clausewitz' entnehmen, unvollständig, wenn sie nicht die Frage des letztendlichen Zwecks eines Kampfes konfrontiert. Die Frage, wozu man kämpft, mag sich einfach oder trivial anhören. Aber letztlich ist sie die schwierigste und wichtigste Frage überhaupt, die sich uns als Menschen stellt, wenn wir uns auf einen Konflikt einlassen.

Während die ersten beiden Einsichten direkt politischen und militärischen Erfahrungen Clausewitz' entspringen – vor allem der Erfahrung, wie die preußischen Reformer um Scharnhorst um ihre politischen Ziele kämpften und wie später die russische Armee gegen Napoleon kämpfte –, ist die dritte Einsicht ein Ergebnis weniger einer direkten Erfahrung des Handelns als einer Erfahrung des Nachdenkens. Clausewitz kam erst recht spät bei der Arbeit an *Vom Kriege* – vermutlich im Sommer 1827 – zu seiner berühmten Formel. In diesem Kapitel werde ich mich zunächst mit Clausewitz' Entschluss zur Umarbeitung seines Werks beschäftigen, der in dessen Interpretation viele Kontroversen ausgelöst hat (3.1). Dann verfolge ich im Text von *Vom Kriege*, wie Clausewitz sich langsam zu seiner Formel hinarbeitet, indem er zunächst den wirklichen Krieg vom absoluten Krieg unterscheidet (3.2) und dann die historische Verschiedenartigkeit wirklicher Kriege herausarbeitet (3.3). Diese zwei Erkenntnisse führen Clausewitz zu der Formel, dass der Krieg eine Fortsetzung der Politik mit anderen Mitteln sei (3.4). Diese Formel ist heute aktuell, weil man aus ihr die Aufforderung ableiten kann, Kämpfe nie als Selbstzweck zu begreifen (3.5).

3.1 Die Umarbeitung des Werks

Im Sommer 1827 hatte Clausewitz bereits einen erheblichen Teil von *Vom Kriege* abgeschlossen. Aber aus einem bestimmten Grund kam er zu dem Schluss, dass das vorliegende Manuskript noch gewichtige Mängel aufwies. In einer Nachricht vom 10. Juli 1827, die seine Frau Marie von Clausewitz dem veröffentlichten Werk vorangestellt hat, hielt Clausewitz den Entschluss zur Umarbeitung fest. Besonders zwei Gesichtspunkte sollten bei dieser Umarbeitung systematische Berücksichtigung im gesamten Werk finden: einerseits die »doppelte Art des Krieges« und andererseits der Gedanke, dass »der Krieg nichts ist als die fortgesetzte Staatspolitik mit anderen Mitteln« (VK, 179). Die »doppelte Art des Kriegs« bezieht sich auf die Verschiedenartigkeit der Zwecke des Kriegs, je nachdem, ob man den Gegner vollständig besiegen will oder ob man ihn bloß zu kleineren Konzessionen wie Gebietsabtretungen zwingen möchte. Die Formel vom Krieg als

Fortsetzung der Politik bezeichnet Clausewitz als einen »ebenfalls praktisch notwendige[n] Gesichtspunkt«, der überall festgehalten werden soll und der Einheit in die Betrachtung bringen wird (VK, 179–80). »Mit einer solchen Umarbeitung«, so Clausewitz, »werden die sechs ersten Bücher manche Schlacke loswerden, manche Spalte und Kluft wird sich zusammenziehen, und manche Allgemeinheit wird in bestimmtere Gedanken und Formen übergehen können.« (VK, 180)

Der Entschluss zur Umarbeitung seines Werks hat in der Rezeptionsgeschichte viele Kontroversen ausgelöst. Die Formel vom Krieg als Fortsetzung der Politik mit anderen Mitteln ist einerseits der Gedanke, für den Clausewitz überall bekannt ist und mit dem er berühmt wurde. Andererseits ist oft unklar geblieben, was mit dem Gedanken eigentlich gemeint ist. Tatsächlich ist die Formulierung von der »Fortsetzung der Politik mit anderen Mitteln« alles andere als klar. Diese Unklarheit ist sicherlich Teil der Attraktivität der Formel. Verschiedene Interpreten konnten sie zu verschiedenen Zeiten nutzen, um damit Erkenntnisse auszudrücken, die ihnen wichtig schienen. So ist die Formel einerseits von modernen Interpreten genutzt worden, um ein zentrales Postulat demokratischer Politik zu untermauern, nämlich die Unterordnung des Militärs unter die zivile Staatsführung (Herberg-Rothe 2001, 226–8). Andererseits wurde dieselbe Formel bei der Beschäftigung mit den so genannten »neuen« Kriegen der 1990er Jahre – z.B. den Bürgerkriegen Ex-Jugoslawiens – dazu genutzt, um die Verschiedenartigkeit der neuen Kriege zu belegen, die eben genau nicht mehr als »Fortsetzung der Staatspolitik« verstanden werden konnten (Kaldor 2000, 37; Creveld 1997, 20). Der Streit um die Bedeutung der Formel war so immer wieder auch ein Streit darum, wie im gegenwärtigen historischen Moment Kriege und Kriegführung angemessen verstanden werden können. Die Formel, so scheint es, hat gerade aufgrund ihrer

Missverständlichkeit den Raum für durchaus fruchtbare Debatten geöffnet.

Im Folgenden beschäftige ich mich dennoch nicht primär mit der Vielfalt der Interpretationen, sondern werde stattdessen auf andere Weise versuchen, die Relevanz von Clausewitz' Denken über die Beziehung zwischen Krieg und Politik aufzuzeigen. Diese Relevanz lässt sich gerade dann besonders gut nachvollziehen, wenn man versteht, was Clausewitz verstanden hatte, als er sich zur Umarbeitung seines Werks entschloss. Clausewitz hatte eine genuine Erkenntnis erlangt, und diese versuchte er in der Formel (und in der »doppelten Art« des Krieges) auf den Punkt zu bringen. Wenn man diese Erkenntnis versteht, dann kann man Clausewitz' Theorie eine Einsicht abgewinnen, die auch heute noch – weit über den Krieg hinaus – von großer Relevanz ist. Der Hauptzweck der hier entwickelten Interpretation ist also nicht, andere Interpretationen zu widerlegen. Ihr Hauptzweck ist, etwas für die Gegenwart Wichtiges und Wertvolles auszusagen. Aber genau zu diesem Zweck ist es wichtig, ein klares Verständnis der Einsicht Clausewitz' zu gewinnen.

Der Entschluss zur Umarbeitung des Werks und die Unklarheit darüber, welche Teile Clausewitz nach diesem Entschluss im Jahr 1827 bis zu seinem Tod 1830 tatsächlich überarbeitet hat, haben zu einem Streit geführt, der »Ströme von Tinte zum Fließen brachte« (Aron 1980, 96).[25] Dabei ging es, wie Raymond Aron in seiner großen Clausewitz-Studie festhält, tatsächlich »nicht so sehr um Daten als um das Denken selbst« (1980, 96): »Von der jeweiligen Hypothese, von der man ausgeht, stellt sich die Entwicklung, sogar der Endstand des Denkens, in einem anderen Lichte dar.« (1980, 92) Die Unterscheidung der »doppelten Art« des Kriegs hat noch Ende des 19. Jahrhunderts den so genannten »Strategiestreit« ausgelöst. Der Historiker Hans Delbrück nutzte Clausewitz' Unterscheidung, um – wie Clausewitz es selbst tut –

die Strategie Napoleons (die auf Niederwerfung zielte) von der des Preußenkönigs Friedrich des Großen im 18. Jahrhundert zu unterscheiden, die beschränktere Ziele verfolgte. Dies führte zu großen Debatten, in deren Zentrum zunächst nicht so sehr Clausewitz, sondern die historische Bewertung Friedrichs des Großen stand (Aron 1980, 629–31).

Die Unterscheidung der zwei Kriegsarten – die eng mit der Beziehung des Kriegs zur Politik zusammenhängt – gewann dann durch den Ersten Weltkrieg erneut große Relevanz (Aron 1980, 116). War die Strategie der deutschen Heerführung, die von Anfang an auf Niederwerfung und totalen Sieg zielte, angemessen? War sie nicht, wie Basil Liddell Hart später schrieb – und deshalb Clausewitz als »Mahdi der Massen« kritisierte –, mitverantwortlich für das Massensterben? Wenn man die beabsichtigte Umarbeitung des Werks berücksichtigt, muss man für die verfehlte Strategie weniger Clausewitz' Denken als eine verfehlte politische Entscheidung verantwortlich machen. Falls Clausewitz tatsächlich gezeigt hat, dass es zwei Arten des Kriegs gibt (eine unbeschränkte und eine eher beschränkte), dann ist die Eskalation der Kriegführung von 1914 bis 1918 nicht so sehr auf strategisches Denken, sondern im Gegenteil darauf zurückzuführen, dass die Politik ihrer Verantwortung nicht nachkam, die Art des Krieges richtig zu bestimmen.

Auch in den 1980er Jahren, als nach seinem 200. Geburtstag eine regelrechte Renaissance der Clausewitz-Rezeption stattfand, spielte die Frage der Umarbeitung eine wichtige Rolle. In den Jahren vor dem Jahrestag entstanden mehrere wichtige Werke: die englischsprachige Neuübersetzung von *Vom Kriege*, die die Historiker Michael Howard und Peter Paret gemeinsam mit einem ausführlichen Kommentar des bekannten Strategen Bernard Brodie herausgaben (Clausewitz 1976); eine Wiederauflage der deutschen, textkritischen Werkausgabe zum Jubiläum, die der

Militärhistoriker Werner Hahlweg herausgab und die er mit einem zweiten ausführlichen Kommentar zur Rezeption ergänzte (hier zitiert als VK); auch W. B. Gallies Buch erschien (Gallie 1978) sowie schließlich das monumentale Werk des französischen Soziologen Raymond Aron (1980). Besonders Aron machte die Umarbeitung zum Hauptthema seines Werks. Aron fragte: »Was bedeutet die Unterscheidung der beiden Kriegsarten? Zieht der Vorrang der Politik eine Abänderung der vorher ausgedrückten strategischen Ideen nach sich, die kaum verändert in dem Manuskript stehen, das wir besitzen?« (1980, 97) Sein ganzes sechshundertseitiges Buch sei, so hielt der Soziologe fest, ein Versuch, auf diese beiden Fragen eine Antwort zu geben. Dabei ging es Aron nicht allein um eine Interpretation des Textes. Aron nutzt die beiden in der Nachricht betonten Gesichtspunkte, um die europäische Kriegsgeschichte von Napoleon bis ins Nuklearzeitalter zu untersuchen, und zeigt so ihren analytischen Wert auf.

Die interpretative Grundlage für Arons Vorgehen ist die These, dass Clausewitz die Umarbeitung nur in einem sehr kleinen Teil seines Werks umgesetzt hat. Deshalb, so Aron, sollte man versuchen, die nicht überarbeiteten Teile von *Vom Kriege* aus der Perspektive der intendierten Überarbeitung zu lesen und zu ergänzen. Zumindest könne man auf diese Weise ein Gedankengerüst erhalten, das sich sinnvoll zur Aufarbeitung der Kriegsgeschichte und zur Kritik strategischer Debatten – bis hin zum »Denken des Krieges« im Nuklearzeitalter – nutzen lasse. Aron rechtfertigt also eine bestimmte Clausewitz-Lektüre damit, dass die Umarbeitung nicht vollzogen worden sei und deshalb der Text noch weitergedacht werden müsse. Die »Nachricht« hat in der Tat immer wieder ein solches interpretatives Vorgehen inspiriert und lizenziert und damit den Interpretationsstreit befeuert (vgl. Sumida 2008, 4). Als Beleg für die These, dass die Umarbeitung kaum vollzogen worden sei, verweist Aron nicht zuletzt auf die so genannte »Schlussbemerkung«, die die Herausgeberin Marie von Clausewitz bei der Erstveröffentlichung 1832 direkt an die »Nachricht« anfügte und die – so hält sie fest – »wie es scheint, von sehr neuem Datum« ist (VK, 181). In dieser Schlussbemerkung schreibt Clausewitz, dass sein Werk »nur als eine Sammlung von Werkstücken betrachtet werden« könne; »das erste Kapitel des ersten Buches ist das einzige, was ich als vollendet betrachte; es wird wenigstens dem Ganzen den Dienst erweisen, die Richtung anzugeben, die ich überall halten wollte« (VK, 181). Wenn Clausewitz diese »Schlussbemerkung« tatsächlich kurz vor dem Moment geschrieben hat, in dem er sein Manuskript versiegelte, dann scheint ein interpretatives Vorgehen gerechtfertigt, dass das erste Kapitel des Ersten Buches nutzt, um das ganze restliche Manuskript zu korrigieren und auf den letzten Stand zu bringen. Genau dies ist das Vorgehen Arons.

Der israelische Militärhistoriker Azar Gat hat Ende der 1980er Jahre einige treffende Argumente angeführt, die gegen Arons Vorgehen sprechen. Eine zentrale Rolle spielt dabei die zitierte »Schlussbemerkung«. Gat hält zu Recht fest – und in der jüngeren Zeit hat er die Unterstützung eines weiteren prominenten Interpreten, Jon Sumidas, gefunden –, dass die Charakterisierung des Zustands des Werks in der Schlussbemerkung gar nicht dem tatsächlichen Zustand des Werks entspricht. Clausewitz schreibt in der Schlussbemerkung unter anderem, dass »das sechste Buch [...] als ein bloßer Versuch zu betrachten« sei (VK, 181) – aber tatsächlich ist dieses Buch das längste des Manuskripts, mehr als doppelt so lang wie jedes andere der acht Bücher. Seltsam ist an der Schlussbemerkung auch, dass darin die Formel und die doppelte Art des Krieges, deren Ausarbeitung Clausewitz in der Nachricht von 1827 zum Hauptzweck der intendierten Umarbeitung erklärt, gar nicht erwähnt werden, sondern stattdessen eine Reihe anderer, anscheinend weniger zentraler Ideen (VK, 182–3). Die Schlussbemerkung, so folgert Gat, hat Clausewitz gar nicht kurz vor dem Abbruch der Arbeit am Manuskript geschrieben, sondern vermutlich viel früher. Arons interpretatives Vorgehen, das auf die Priorität des ersten Kapitels des I. Buches gegründet ist, sei demnach zumindest teilweise fragwürdig. Dieses Vorgehen unterschätze vor allem, dass Clausewitz die Umarbeitung von 1827 auf der Grundlage einer bereits gut ausgearbeiteten Fassung des VI. Buches zur Verteidigung beschlossen habe. Clausewitz' Ideen zur Verteidigung stehen nicht in Widerspruch zu dem, was Aron die »Endsynthese« nennt, sondern gehören eher dazu (Gat 1989, 255–63; vgl. Sumida 2008, xvii–xix).

Der Krimi um die Bedeutung der Umarbeitung ließe sich noch viel ausführlicher erzählen. Da das Archiv mit dem Nachlass während des Zweiten Weltkriegs verloren ging,[26] ist es unwahrscheinlich, dass sich bestimmte werkgenetische Fragen letztgültig klären lassen. Insgesamt lässt sich aber festhalten, dass der Widerspruch zwischen den neueren Interpreten insofern nicht sehr groß ist, als dass sich Aron und Gat darin einig sind, dass das I. Buch des Werks das am weitesten fortgeschrittene ist (vgl. Gat 1989, 218). Dagegen lässt sich auch deshalb wenig einwenden, weil Marie von Clausewitz in ihrer Vorrede, die sie als Herausgeberin dem Werk vorangestellt hat, genau dies festhält. Vor der Abreise zu dem Militäreinsatz in Polen, bei dem ihr Mann 1831 sterben würde, so schreibt Marie von Clausewitz in der Vorrede, »ordnete [er] seine Papiere, versiegelte die einzelnen Pakete, versah sie mit Aufschriften und nahm einen wehmütigen Abschied von dieser ihm so liebgewordenen Beschäftigung« (VK, 176). Zusammen mit ihrem Bruder öffnete sie nach dem Tod diese Pakete. Ihr Bruder, so hält sie fest, »hat unter anderem bei dem sorgfältigen Durchlesen und Ordnen desselben [d.h. des Manuskripts] die angefangene Umarbeitung gefunden, welche mein geliebter Mann *in der im Jahre 1827* geschriebenen und weiter unten folgenden *Nachricht* als eine beabsichtigte Arbeit erwähnt, und hat sie an den Stellen des ersten Buches, für welche sie bestimmt war (denn weiter reichte sie nicht), eingeschaltet« (VK, 177). Wenn man sich einfach an diese Beschreibung von Marie von Clausewitz hält, dann steht ohne jeden Zweifel fest, dass Clausewitz einen Teil seines Werks im Sinne der in der *Nachricht* angedeuteten Ideen bearbeitet hat. Es erscheint dann auch plausibel, dass Clausewitz tatsächlich nur das I. Buch bearbeitet hat – also mehr als das erste Kapitel dieses Buches, aber keines der anderen sieben Bücher.

Wie Aron sehe ich die Beschäftigung mit der Umarbeitung als wertvoll, um dem Denken des reifen Clausewitz auf den Grund zu gehen. Die folgenden Abschnitte beschäftigen sich deshalb ausführlich mit den zwei Einsichten, die den Entschluss zur Umarbeitung des Werks motivierten. Diese zwei Einsichten spielen eine zentrale Rolle im letzten, VIII. Buch von *Vom Kriege*, in dem Clausewitz sich mit dem Kriegsplan und der Beziehung zwischen Politik und Krieg beschäftigt. Interessanterweise beginnt das VIII. Buch aber nicht mit einem Postulat dieser Einsichten. Eher arbeitet Clausewitz im VIII. Buch die Einsichten langsam heraus. Immer wieder stellt er im Text Fragen – eine deutlich größere Zahl an Fragen als in anderen Teilen des Werks, was ein deutliches Indiz dafür ist, dass er sich bei der Arbeit am Text seiner Antworten noch nicht ganz gewiss ist. Die zwei Einsichten entstehen gewissermaßen beim Versuch, diese selbstgestellten Fragen zu beantworten. Mir scheint es deshalb plausibel, dass Clausewitz während der Arbeit am VIII. Buch seine zwei Einsichten erstmals formulierte. Der Entschluss zur Umarbeitung ist vermutlich bei der Arbeit an diesem Buch langsam in ihm gereift. Dieser Entschluss geht auf eine Erfahrung des Denkens, des denkenden Schreibens zurück. Um in diese zwei Einsichten einzuführen, kann man sich deshalb am Text des VIII. Buches orientieren und so versuchen, den Denkprozess nachzuzeichnen, den Clausewitz selbst durchlief. Dafür wird es zunächst notwendig sein, etwas zum Stand seines Denkens zu sagen, als Clausewitz mit der Arbeit am VIII. Buch begann.

3.2 Absoluter und wirklicher Krieg

Das VIII. Buch von *Vom Kriege* beginnt mit einem Rückblick auf den Anfang des I. Buches, wo »vom Wesen und Zweck des Krieges« die Rede war. Interessanterweise hält Clausewitz hier im VIII. Buch fest, dass das »Resultat« der Untersuchung der Natur des Krieges ganz zu Beginn seines Werks in der Erkenntnis liege, dass »die Niederwerfung des Feindes, folglich die Vernichtung seiner Streitkräfte das Hauptziel des kriegerischen Aktes sei« (VK, 949). Das heißt, das VIII. Buch beginnt auf dem Stand des Denkens vor der Umarbeitung. Hier ist nicht von der »doppelten« Art des Krieges die Rede – der einen, wo Niederwerfung das Ziel ist, und der anderen, wo es um beschränktere Ziele geht. Hier ist nur von der ersten Art des Krieges, nur vom ersten Ziel die Rede. Anscheinend ging Clausewitz vor der Umarbeitung davon aus, dass es nur eine Art von Krieg gebe. Notwendig und natürlich geht es im Krieg, so seine theoretische Prämisse vor der Umarbeitung, immer um die Niederwerfung des Gegners und die Vernichtung seiner Streitkräfte.

Diese Annahme wird vom zweiten Kapitel des VIII. Buches bestätigt. Dieses Kapitel beschäftigt sich mit der Unterscheidung zwischen dem »absoluten« und dem »wirklichen Krieg«. Wiederum verweist Clausewitz auf den Anfang seines Werks und die Erkenntnis, dass »die Niederwerfung des Gegners das natürliche Ziel des kriegerischen Aktes sei« (VK, 952). »Wenn man bei der philosophischen Strenge des Begriffs stehenbleiben will«, so fährt er fort, könne »es im Grunde ein anderes nicht geben« (VK, 952). Nur das Niederwerfen des Gegners kann allein das Ziel kriegerischen Handelns sein. Aber warum ist das so? Die Erkenntnis, dass der Krieg zum Absoluten tendiert, dass er in sich eine absolute Eskalationsdynamik trägt, ist gewissermaßen der Startpunkt von Clausewitz' Kriegsphilosophie. Der Gedanke ist auch zentral in der veröffentlichten Fassung des ersten Kapitels des I. Buches. Clausewitz definiert den Krieg dort als »Akt der Gewalt, um den Gegner zur Erfüllung unseres Willens zu zwingen« (VK, 191–2). Die ersten Seiten von *Vom Kriege* sind mit Überlegungen dazu gefüllt, warum sich aus dieser Definition eine Radikalisierung des Kampfes logisch notwendig ergibt – Clausewitz spricht von den Tendenzen des Krieges zum »Äußersten« (VK, 192–5). Sein Grundargument ist, dass Kämpfende, die ihre Bemühungen nicht immer weiter vergrößern, eine Niederlage riskieren. Ganz egal, warum man kämpft – wenn man nicht bereit ist, alle Mittel einzusetzen, wird man verlieren. Diese grundlegende Überlegung ist bekannt u.a. aus Thomas Hobbes' Fiktion des Naturzustands als Krieg aller gegen alle. Wer nicht mitmacht, so argumentiert auch Hobbes, der riskiert sein Leben. Kriegführende und Kämpfende sind dazu gezwungen, das absolute Ziel der Niederwerfung zu verfolgen, weil sie ansonsten ihr Überleben aufs Spiel setzen. Diese Vorstellung des Krieges nennt Clausewitz den »absoluten Krieg«.

Clausewitz war sich immer bewusst, dass es den »absoluten Krieg« in Wirklichkeit gar nicht gibt. Dazu trägt schon die Friktion bei, die alles Kriegführen verlangsamt und erschwert. Es gibt zahlreiche »Modifikationen in der Wirklichkeit« (VK, 195). Von diesen Modifikationen ist auch im VIII. Buch die Rede, schließlich erscheinen die meisten wirklichen Kriege »nur wie eine gegenseitige Entrüstung, wobei jeder zu den Waffen greift, um sich selbst zu schützen und dem anderen Furcht einzuflößen – und gelegentlich ihm einen Streich beizufügen« (VK, 953). Clausewitz stellt die Frage, warum die wirklichen Kriege dem absoluten nicht entsprechen: »Welches ist nun aber die nicht leitende Scheidewand, die das totale Entladen verhindert?« Er nennt eine Reihe von Gründen, nicht zuletzt die Komplexität der »großen Zahl von Dingen, Kräften, Verhältnissen, die der Krieg im Staatsleben berührt«; die Rolle von »Vorstellungen und Gefühlen«; die »Inertie der ganzen Masse« (VK, 953). Der Begriff Friktion taucht hier gar nicht auf.[27] Aber der Punkt wird dennoch klar: Die »Inkonsequenz«, die menschlichem, politischem Handeln eigen ist, führt dazu, dass »der Krieg zu etwas anderem wird, als er dem Begriff nach sein sollte, zu einem Halbdinge, zu einem Wesen ohne inneren Zusammenhang« (VK, 953).

Wirkliche Kriege sind nie ganz und vollständig absolut – diese Erkenntnis hat Clausewitz schon lange vor der Umarbeitung erkannt und betont. Aber nachdem er zu Beginn des VIII. Buches auf die Modifikationen der Wirklichkeit verwiesen hat, kehrt er rasch zur Behauptung zurück, dass es aus theoretischer Sicht dennoch notwendig ist, die Fiktion des absoluten Krieges zur Grundlage des Denkens zu machen. Der Grund dafür, so Clausewitz, ist tatsächlich in der historischen Wirklichkeit zu suchen. »Man könnte zweifeln, dass unsere Vorstellung von dem ihm [d.h. dem Krieg] zukommenden Wesen einige Realität hätte, wenn wir nicht gerade in unseren Tagen den wirklichen Krieg in dieser absoluten Vollkommenheit hätten auftreten sehen.« (VK, 953) Der »rücksichtslose Bonaparte« hat den wirklichen Krieg in einen absoluten verwandelt. Unter ihm ist der Krieg »rastlos vorgeschritten, bis der Gegner niederlag« (VK, 954). Clausewitz stellt nun die entscheidenden Fragen, die noch von der Prämisse der Priorität des absoluten Kriegs ausgehen, in denen man aber schon den Zweifel durchhören kann: »Ist es nicht natürlich und notwendig, dass uns diese Erscheinung [der Napoleonischen Kriege] auf den ursprünglichen Begriff des Krieges mit allen strengen Forderungen zurückführt?« (VK, 954) Irgendwie schon, aber Clausewitz postuliert hier zunächst nichts weiter, sondern er stellt weiter Fragen: »Sollen wir nun dabei stehenbleiben und alle Kriege, wie sehr sie sich auch davon [vom absoluten Krieg] entfernen, danach beurteilen? Alle Forderungen der Theorie daraus ableiten?« (VK, 954) Clausewitz kämpft in seinem Text mit dieser Frage, das ist ganz offensichtlich. Er hat eine provisorische Antwort auf diese Frage gegeben, die er auch im VIII. Buch wiederholt. Trotz der Modifikationen der Wirklichkeit ist es die »Pflicht« der Theorie, »die absolute Gestalt des Krieges obenan zu stellen und sie als einen allgemeinen Richtpunkt zu begreifen, damit derjenige, der aus der Theorie etwas lernen will, sich gewöhne, sie nie aus den Augen zu verlieren, sie als das ursprüngliche Maß aller Hoffnungen und Befürchtungen zu betrachten, um sich ihr zu nähern, wo er es kann oder wo er es muss« (VK, 955).

Diese Sätze drücken weiterhin den Stand von Clausewitz' Denken vor der Umarbeitung aus. Der absolute Krieg ist das Richtmaß für das Denken. An diesem Maß allein muss sich das Denken orientieren, selbst wenn es Modifikationen einräumt. Aber recht glücklich und zufrieden ist Clausewitz zu Beginn des VIII. Buches nicht mehr. Er zweifelt an seiner Antwort. Dies zeigt sich an den zahlreichen Fragen, die den Text durchziehen. »Aber was sollen wir dann zu allen Kriegen sagen, welche seit Alexander und einigen Feldzügen der Römer bis auf Bonaparte geführt worden sind?« (VK, 954) Clausewitz antwortet: »Wir mußten sie in Pausch und Bogen verwerfen und konnten es doch vielleicht nicht, ohne uns unserer Anmaßung zu schämen.« (VK, 954) Wir können es »doch vielleicht nicht« – oder vielleicht schon? Clausewitz ist sich offensichtlich nicht ganz sicher. Und was besonders »schlimm ist« – man muss einräumen, dass »vielleicht wieder ein Krieg der Art da sein wird, unserer Theorie zum Trotz, und dass diese Theorie mit einer starken Logik doch sehr ohnmächtig sein wird gegen die Gewalt der Umstände« (VK, 954). Man liest, man erkennt in diesen Sätzen denjenigen Clausewitz, der – vor 1827 – an seiner eigenen theoretischen Prämisse zweifelt. Etwas stimmt nicht mit seiner Priorisierung des absoluten Krieges. Etwas ist falsch an der Annahme, dass man nur den absoluten Krieg zur Richtschnur machen könne. Clausewitz hat, wie er später in der überarbeiteten Fassung des ersten Kapitels schreiben wird, einen »Faden logischer Spitzfindigkeit« (VK, 196) gesponnen. Aber dieser rote Faden, der sich so schön und abstrakt im Denken spinnen lässt, stößt auf den Widerstand des Gegenstands, mit dem er sich befasst.

Vor seiner Umarbeitung ging Clausewitz davon aus, dass die Theorie nur eine Art des Krieges kennen und zur Grundlage des Denkens machen sollte. Dieser Krieg ist der absolute Krieg, so wie ihn Napoleon Bonaparte tatsächlich führte. Es ist ein Krieg, in dem alle Kräfte auf einen Zeitpunkt und an einem Ort konzentriert werden. Es ist ein Krieg, in dem es nur und ausschließlich um den absoluten Sieg geht, das absolute Niederwerfen des Gegners. Es ist ein Krieg, in dem die Gewalt von allen Schranken gelöst ist und zum Äußersten eskaliert. Zwar räumt Clausewitz ein, dass wirkliche Kriege oft von diesem absoluten verschieden sind. Aber gerade die Niederlage Preußens gegen Napoleon nimmt er zum Anlass, theoretisch die Priorität des absoluten Krieges zu fordern: »Würde Preußen im Jahr 1806 den Krieg gegen Frankreich gewagt haben, wenn es erwogen hätte, dass der erste Pistolenschuss ein Funken in den Minenherd sei, der es in die Luft sprengen sollte?« (VK, 955) Die Erwägung, dass der Krieg im Wesen, in seiner Natur, in seinem philosophischen Begriff absolut ist, hält Clausewitz vor der Umarbeitung für unumgänglich. Aber die Zweifel mehren sich. Sie mehren sich schon im nächsten, dritten Kapitel des VIII. Buches, das in zwei Teile unterteilt ist und in dem Clausewitz sich mit der historischen Verschiedenartigkeit der Kriege beschäftigt.

3.3 Die Verschiedenartigkeit der Kriege

Clausewitz beginnt im dritten Kapitel des VIII. Buches vorsichtig damit, die zweite (beschränkte) Art des Krieges als gleichrangig mit der ersten (absoluten) zu behandeln. »Je nachdem man die absolute Gestalt des Krieges oder eine der davon mehr oder weniger entfernten wirklichen im Auge hat, entstehen zwei verschiedene Vorstellungen von dem Erfolge desselben.« (VK, 956) Beim absoluten Krieg zählt nur der »Enderfolg« (VK, 956). Alles Handeln ist auf diesen hin ausgerichtet. Jeder Fehler, jede Entscheidung hat nur relative Bedeutung. Aber wirkliche Kriege entsprechen diesem Modell nicht. Oft geben sich Kriegführende mit kleinen Erfolgen zufrieden, ohne sie gleich als Sprungbrett für die nächste Konfrontation zu nutzen, ohne alles nur auf den Enderfolg hin zu berechnen. Clausewitz schlussfolgert: »Da keine dieser beiden Vorstellungsarten ohne Resultat ist, so kann die Theorie auch keine derselben entbehren.« (VK, 957) Die Theorie braucht demnach zwei Begriffe des Krieges, zwei Vorstellungsarten, die absolute und die beschränkte. Aber Clausewitz relativiert diese Erkenntnis sofort wieder, indem er zu seinem ursprünglichen Gedanken der Priorität des absoluten Kriegs zurückkehrt. Die Theorie soll weiterhin die absolute Art des Krieges »überall zum Grunde« legen, die beschränkte Art dagegen »nur als eine Modifikation« behandeln (VK, 957–8).

Im ersten Teil des dritten Kapitels – dem »dritten Kapitel A« – stehen zwei Behauptungen in einem Spannungsverhältnis. Die erste Behauptung ist, dass es eine bestimmte Art des Krieges gibt, die »überall« als Grundlage der theoretischen Betrachtung dienen soll – den absoluten Krieg, in dem alles Handeln auf die Niederwerfung des Gegners ausgerichtet ist. Die zweite Behauptung ist, dass man keinesfalls nur eine Art des Krieges überall zugrunde legen darf, sondern dass es aus theoretischer Sicht darauf ankommt, genau festzustellen, mit welcher Art des Krieges man es zu tun hat. Diese zweite Behauptung gewinnt an Plausibilität durch einen historischen Vergleich der Kriege Napoleons mit denen des Preußenkönigs Friedrichs des Großen. Die Verhältnisse, in denen diese beiden Staatslenker Kriege führten, waren grundverschieden. Unter Napoleon nahm die Bevölkerung Anteil am Krieg. In den Zeiten Friedrichs des Großen war das Kriegführen dagegen »eine bloße Angelegenheit des Kabinetts, an welchem das Volk nur als blindes Instrument teilnahm« (VK, 959). Die Französische Revolution hatte die Umstände der Kriegführung radikal geändert, weil nationalistische Begeisterung ungekannte Mobilisierungsanstrengungen möglich machte. Clausewitz fragt: »Mussten diese verschiedenen Verhältnisse nicht ganz verschiedene Betrachtungen veranlassen? Mussten sie nicht im Jahre 1805, 1806 und 1809 den Blick auf das Äußerste als eine nahe Möglichkeit, ja als auf eine große Wahrscheinlichkeit richten und mithin zu ganz anderen Plänen und Anstrengungen führen als solche, deren Gegenstand ein paar Festungen und eine mäßige Provinz sein konnten?« (VK, 959) Bevor er diese Frage stellte, hatte Clausewitz noch behauptet, dass der absolute Krieg der Theorie überall und immer zugrunde liegen sollte. Nachdem er sie gestellt hat, behauptet er dagegen, es gehe auf der Ebene der theoretischen Erkenntnis vor allem darum zu erkennen, um welche Art des Krieges es sich handelt: »Die Theorie fordert also, dass bei jedem Kriege zuerst sein Charakter und seine großen Umrisse nach der Wahrscheinlichkeit aufgefasst werden, die die politischen Größen und Verhältnisse ergeben.« (VK, 959)

Clausewitz wird sich bei der Niederschrift des VIII. Buches immer bewusster, dass es eine unaufgelöste Spannung zwischen seinen zwei Behauptungen gibt. Dazu trägt wesentlich eine kurze Überlegung zur Geschichte der Kriegführung bei, die er im zweiten Teil des dritten Kapitels (B) anstellt. Diese Überlegung greift zunächst die zweite Behauptung wieder auf: »Wir müssen also zuvörderst einräumen, dass das Urteil über einen bevorstehenden Krieg, über das Ziel, welches er haben darf, über die Mittel, welche nötig sind, nur aus dem Gesamtüberblick aller Verhältnisse entstehen kann, in welchem also die individuellsten Züge des Augenblicks mitverflochten sind, und dass dieses Urteil, wie jedes im kriegerischen Leben, niemals rein objektiv sein kann, sondern nach den Geistes- und Gemütseigenschaften der Fürsten, Staatsmänner, Feldherren bestimmt wird, sei es, dass sie in einer Person vereinigt sind oder nicht.« (VK, 962) Krieg ist menschengemacht. Von den individuellen Eigenschaften von Menschen und den historischen Verhältnissen, in denen sie handeln, muss ein jedes Urteil über den Krieg, sein Ziel und seine Mittel abhängen. Die Theorie kann demnach keineswegs fordern, dass überall nur das Niederwerfen des Gegners als Ziel gelten darf. Sie muss sich im Gegenteil mit den Menschen, die den Krieg führen, und den historischen Umständen beschäftigen. Erst auf dieser Grundlage wird ein Urteil möglich. Clausewitz illustriert und fundiert diese Behauptung auf den folgenden zehn Seiten (VK, 962–72) empirisch und historisch. Er befasst sich mit den Kriegen tartarischer Stämme, mit denen von Lehnsherren im europäischen Mittelalter, mit den Söldnern, die die italienischen Stadtrepubliken anheuerten (den »Kondottieri«) und den stehenden Heeren der absoluten Monarchen des 17. und 18. Jahrhunderts. In jeder Zeit gibt es, so stellt Clausewitz fest, gute

Gründe dafür, warum der Krieg nicht zum Äußersten tendiert. Die mittelalterlichen Lehensbande schufen keinen eng zusammenhängenden Staatsverband und so auch kein eng zusammenstehendes Heer; ihre Kriege zielten meist nur auf Bestrafung, nicht auf Niederwerfung. Die Kondottieri und die stehenden Armeen der Monarchen waren teuer und kostbar; man setzte sie nur mit großer Vorsicht ein, weil man den Verlust scheute. Immer wieder kehrt Clausewitz zu der Behauptung zurück, dass der Krieg seine »natürliche« Tendenz zum Äußersten aus guten Gründen verlor: »der Krieg verlor einen großen Teil seiner Gefahr, veränderte durchaus seine Natur, und nichts, was man aus dieser Natur für ihn bestimmen kann, passte auf denselben« (964); »vor dem Äußersten geschützt, brauchte man nicht mehr das Äußerste zu wagen« (967). Das Studium der Geschichte zeigt, dass die Logik des absoluten Krieges – seine logisch abgeleitete Forderung, Ziel und Mittel als absolut zu betrachten – nicht zutrifft. »Es ist leicht, dies als einen sich immer erneuernden Fehler, als in der Zeit gegründete falsche Ansicht zu betrachten, aber es ist vernünftiger, es als eine Folge von hundert großen Ursachen anzusehen, in die wir uns allenfalls hineindenken können, die wir aber darum doch nicht mit der Lebendigkeit ergreifen wie der mit ihnen im Konflikt begriffene Handelnde.« (VK, 965) Anders ausgedrückt: Es ist leicht, logische Forderungen abzuleiten und damit die gesamte Geschichte zu beurteilen und zu verurteilen. Aber es ist unvernünftig. Es wird der Geschichte und dem Problem des Handelns nicht gerecht.

Diese theoretische Einsicht, die zweifellos den Versuch zur Umarbeitung seines Manuskripts motivierte, steht am Ende des dritten Kapitels viel deutlicher fest als noch am Anfang. Clausewitz befasst sich am Ende seiner Skizze zur Kriegsgeschichte auch mit den Kriegen Napoleons. Er stellt fest, dass nach der Französischen Revolution Bedingungen vorlagen wie niemals zuvor. Millionen von Menschen konnten für den Krieg mobilisiert werden. Der Grund liegt in der Kombination eines einheitlichen, zentralistischen Staatsverbands mit nationalistischer Begeisterung. Die Bürger fühlten sich als Teil eines Staates; ihre individuellen Anstrengungen betrachteten sie als Anstrengungen für das Ganze. Dies ist die Art des Krieges, die Clausewitz selbst erlebte: »Seit Bonaparte also hat der Krieg, indem er zuerst auf der einen Seite, dann auch auf der anderen wieder Sache des ganzen Volkes wurde, eine ganz andere Natur angenommen, oder vielmehr, er hat sich seiner wahren Natur, seiner absoluten Vollkommenheit sehr genähert.« (VK, 972) Aber was nun? Hat er eine andere Natur angenommen oder sich seiner »wahren« Natur genähert? Am Ende des dritten Kapitels entscheidet sich Clausewitz relativ eindeutig für das Erstere – dafür, dass die ungekannte Eskalation des Krieges in seiner Zeit nur eine bestimmte Art des Krieges darstellt. Die Theorie kann und darf nicht nur den absoluten Krieg überall zugrunde legen, denn man würde »mit einer Theorie, die nur in diesem absoluten Kriege verweilte, alle Fälle, wo fremdartige Einflüsse seine Natur verändern, entweder ausschließen oder als Fehler verdammen. Dies kann nicht der Zweck der Theorie sein, die die Lehre eines Krieges nicht unter idealen, sondern unter wirklichen Verhältnissen sein soll. Die Theorie wird also, indem sie ihren prüfenden, scheidenden und ordnenden Blick auf die Gegenstände wirft, immer die Verschiedenartigkeit der Verhältnisse im Auge haben, von welchen der Krieg ausgehen kann.« (VK, 973–74)

Clausewitz hat beim Abfassen des VIII. Buches eine Erkenntnis erlangt. Diese Erkenntnis kommt in der Strukturierung des Buches nach dem dritten Kapitel zum Ausdruck. Er diskutiert die Kriege, die auf Niederwerfung des Gegners zielen, und jene mit beschränktem Ziel in separaten Kapiteln. Seine Erkenntnis ist, dass der theoretische Zugang, den er sich bisher erarbeitet hatte, in einen Widerspruch mit der Kriegsgeschichte gerät. »Was sollen wir [...] zu allen Kriegen sagen, welche seit Alexander und einigen Feldzügen der Römer bis auf Bonaparte geführt worden sind?« – diese Frage stellte er bereits im zweiten Kapitel. Im Verlauf des dritten Kapitels wird Clausewitz immer klarer, dass seine Priorisierung des absoluten Krieges unvernünftig ist. Diese Priorisierung widerspricht der zentralen Forderung seiner Praxistheorie – nämlich theoretische Einsichten zu bieten, die als Anhalt für das Urteil dienen können. Um angemessen zu urteilen, muss man vor allem verstehen, dass Kriege manchmal zum Äußersten tendieren, manchmal aber nicht. Sie richtig aufzufassen – dies ist genau die Aufgabe, auf die die Theorie vorbereiten muss. Um diese Aufgabe zu erfüllen, muss die Theorie mehr bieten als nur den Begriff des absoluten Krieges. Sie muss ein Spektrum aufbieten von stark bis weniger stark eskalierten Kriegen. Sie muss den Handelnden sagen: Von deinem Urteil hängt es ab, den Krieg deiner Zeit als das zu erkennen, was er ist, und ihn nicht zu verkennen als etwas, was er nicht ist. Zu diesem Zweck muss die Theorie nicht die Natur des Krieges als absolut, sondern die Verschiedenartigkeit von Kriegen – ihre »doppelte Art« – herausarbeiten und betonen.

Die Erkenntnis, dass die historische Verschiedenartigkeit in seinem bisherigen theoretischen Begriff des Krieges nicht aufgehoben war, bringt Clausewitz dazu, nach einem anderen theoretischen Gesichtspunkt zu suchen, der erneut Einheit in die Betrachtung bringen kann. Dieser andere Gesichtspunkt soll, wie er in der dem Manuskript vorangestellten »Nachricht« betont, »praktisch notwendig« sein – er soll das praktische Urteil von Kritiker und Handelndem anleiten können (VK, 179). Er soll immer und überall gelten und dennoch nicht mit der Kriegsgeschichte in Widerspruch stehen. Diesen Gesichtspunkt glaubte Clausewitz mit seiner bekannten Formel gefunden zu haben, laut der der Krieg »nichts ist als die fortgesetzte Staatspolitik mit anderen Mitteln« (VK, 179).

3.4 Krieg als Fortsetzung der Politik

Wenn die zentrale Aufgabe einer politischen Theorie des Krieges darin besteht, Anhalt zu bieten für ein richtiges Urteil über die (mehr oder weniger eskalierte) Art eines Kampfes, dann stellt sich die Frage, wie die Theorie dies bewerkstelligen kann. Es stellt sich die Frage, auf welche Zusammenhänge, Bedingungen und Verhältnisse die Theorie unsere Aufmerksamkeit lenkt, um unser Urteil über die Art des Krieges zu leiten und zu stützen. Bevor Clausewitz im VIII. Buch eine Antwort auf diese Frage formuliert, stellt er zunächst explizit das Problem dar, mit dem er sich bisher konfrontiert sah: »Nachdem wir uns bis jetzt bei dem Zwiespalt, in dem die Natur des Krieges mit anderen Interessen des einzelnen Menschen und des gesellschaftlichen Verbandes steht, bald nach der einen, bald nach der anderen Seite haben umsehen müssen, um keines dieser entgegengesetzten Elemente zu vernachlässigen, ein Zwiespalt, der in dem Menschen selbst gegründet ist, und den der philosophische Verstand also nicht lösen kann, wollen wir nun diejenige Einheit suchen, zu welcher sich im praktischen Leben diese widersprechenden Elemente verbinden, indem sie sich teilweise gegenseitig neutralisieren.« (VK, 990) Dieser lange Satz, der ganz am Anfang des sechsten Kapitels B des VIII. Buches (»Der Krieg ist ein Instrument der Politik«) steht, fasst die von Clausewitz bis dahin mühsam errungene Erkenntnis zusammen, dass es einen »Zwiespalt« bzw. »Widerspruch« gibt zwischen der logisch hergeleiteten Tendenz zur Eskalation (der »Natur des Krieges«) und den praktischen Interessen von Mensch und Gesellschaft. Dieser Zwiespalt ist, wie er schreibt, »in dem Menschen selbst gegründet« (VK, 990). Er kann durch die Theorie nicht aufgelöst werden. Wenn überhaupt – dies scheint die Schlussfolgerung zu sein –, kann die Theorie auf diesen Zwiespalt, auf den Widerspruch hinweisen. Damit umgehen muss der Mensch selbst. Er muss selbst urteilen und entscheiden. Trotzdem kann die Theorie noch ein Quäntchen mehr leisten. Sie kann eine Einheit suchen und feststellen, »zu welcher sich im praktischen Leben diese widersprechenden Elemente verbinden, indem sie sich teilweise gegenseitig neutralisieren«. Praktisch gesehen – vom Gesichtspunkt der Praxis her gedacht – gibt es die Möglichkeit, eine Einheit herzustellen. »Diese Einheit nun ist der Begriff, dass der Krieg nur ein Teil des politischen Verkehrs sei, also durchaus nichts Selbstständiges.« (VK, 990)

Im sechsten Kapitel B des VIII. Buches behauptet Clausewitz, dass er diese Einheit bereits früher festgestellt hätte, »wenn es nicht notwendig gewesen wäre, eben jene Widersprüche recht deutlich hervorzuheben und die verschiedenen Elemente auch getrennt zu betrachten« (VK, 990). »Wir haben uns deshalb auch nicht beeilt, diesen Gesichtspunkt gleich anfangs aufzustellen.« (VK, 992) Diese Sätze sind ein eindeutiger Hinweis darauf, dass das erste Kapitel des I. Buches tatsächlich nach dem Abfassen des VIII. Buches überarbeitet wurde. Sie bestätigen Arons Argument, dass es eine Schluss- bzw. Endsynthese gibt. Denn im ersten Kapitel des I. Buches, so wie es von Marie von Clausewitz veröffentlicht wurde, ist – entgegen den gerade zitierten Sätzen – die »Einheit«, die Clausewitz beim Abfassen des VIII. Buches suchte, tatsächlich bereits postuliert und ausformuliert. *Vom Kriege* beginnt mit einer Definition des Krieges als erweiterter Zweikampf – als »Akt der Gewalt, um den Gegner zur Erfüllung unseres Willens zu zwingen« (VK, 191–2). Clausewitz zeigt in den ersten Abschnitten des ersten Kapitels des I. Buches, dass sich aus dieser Definition drei Tendenzen zum Äußersten ableiten: zur Eskalation der Gewalt, der Ziele und der Anstrengungen. In der historischen Wirklichkeit sind diese Tendenzen jedoch modifiziert und ermäßigt – nicht zuletzt durch die Friktion des Krieges. Dies bedeutet, dass ein Gegenstand in die Betrachtung zurückkehren muss, »den wir [...] daraus entfernt hatten: es ist der politische Zweck des Krieges« (VK, 200). Alle Kriege, so fordert Clausewitz bereits im ersten Kapitel seines Werkes, sollen als »bloße Fortsetzung der Politik mit anderen Mitteln« verstanden werden, denn »niemals kann das Mittel ohne Zweck gedacht werden« (VK, 210). Clausewitz warnt davor, von diesem Gedanken abzuweichen oder ihn aus den Augen zu verlieren.

Der Krieg ist nichts Selbständiges, nichts an sich. Er ist Teil von etwas anderem. Er hat seine eigene »Grammatik«, aber nicht seine eigene »Logik« (VK, 991). Mit diesem Gedanken drückt Clausewitz die Denkerfahrung aus, die er bei Niederschrift des VIII. Buchs – durch die Beschäftigung mit der Verschiedenartigkeit der Kriege – machte: die Erfahrung, dass die Forderung der Eskalation zum Äußersten, die sich logisch aus dem Begriff des Krieges als Zweikampf ableiten lässt, falsch ist. Diese Forderung steht in Widerspruch mit der Geschichte, in der Kriege aus guten Gründen auf mehr oder weniger radikale Weise geführt wurden – in der aus guten Gründen radikalere oder weniger radikale Kriegsziele verfolgt wurden. Die Wichtigkeit dieser Einsicht zeigt sich für Clausewitz nicht nur in der historischen Forschung, sondern auch bei der strategischen Planung. Es ist schlechthin unmöglich, einen guten strategischen Plan aufzustellen, ohne sich der Frage zu stellen, was man mit einem Krieg eigentlich erreichen möchte. In ersterem Vorgehen erkennt Clausewitz eine zentrale Schwäche des strategischen Denkens seiner Zeit. Clausewitz wurde Ende 1827 von einem Kollegen aufgefordert, zu einem fiktiven strategischen Problem – der Planung eines möglichen Krieges Preußens gegen Österreich – Stellung zu nehmen. In seiner Antwort hält Clausewitz fest, dass es ein Unding sei, einen solchen Krieg zu planen, ohne sich zu fragen, was dessen Zweck sei. Nur wer weiß, was er im Kampf erreichen will, kann die Frage beantworten, was die angemessenen Mittel sind. Ein rein strategisches Problem lässt sich nicht bearbeiten; eine rein strategische Frage lässt sich nicht beantworten (GA, 497).

Clausewitz' Kritik an der rein strategischen Problemstellung seiner Kollegen macht klar, welcher Gedanke in der Formel vom Krieg als Fortsetzung der Politik zum Ausdruck kommt. Der Gedanke ist nicht, dass Kriege der Politik faktisch stets untergeordnet sind. Der Gedanke ist auch nicht, dass Menschen – und gerade Generäle – nie versuchen würden, mit strategischer Notwendigkeit zu argumentieren, und dabei den Zweck eines Kampfes tatsächlich aus den Augen verlieren. Der Gedanke ist, dass sie es nicht tun können, ohne sich in einen Widerspruch zu verwickeln. Es ist höchst widersprüchlich und problematisch zu denken, man könne einen strategischen Plan aufstellen, ohne nach dem allgemeineren Zweck zu fragen, den man erreichen will. Sicher kann man vorgeben, das zu tun – Clausewitz erfuhr selbst, dass seine Kollegen tatsächlich glaubten, sie könnten strategische Probleme rein auf der Ebene der Strategie lösen. Sein Argument ist nicht, dass ein solcher Irrtum nicht vorkommen kann. Es ist nicht, dass es tatsächlich historisch nie geschehen ist, dass Militärführer behauptet haben, man könne aus strategischer Notwendigkeit einen Krieg nur so und nicht anders führen. Clausewitz' Argument ist, dass es einer solchen Perspektive an Einsicht in die tatsächlichen Verhältnisse mangelt. Die Forderung nach einer Eskalation der Gewalt (um dem Gegner zuvorzukommen) lässt sich nicht aus strategischer Notwendigkeit begründen. Sie lässt sich nur politisch begründen. Wer mit strategischer Notwendigkeit argumentiert, macht in Wirklichkeit ein politisches Argument.

Er macht durch sein Urteil den Krieg zu etwas, was er nicht sein müsste. Denn es liegt im Entscheidungsspielraum politischer Akteure, die Zwecke zu verfolgen, die sie wirklich verfolgen wollen. Falls der Fall eintritt, dass militärische Entscheidungsträger aus strategischen Gründen gegen eine politische Zwecksetzung argumentieren, dann liegt, so sagt Clausewitz klipp und klar, »eine Unvollkommenheit der Einsicht« vor (VK, 994). Der (politische) »Zweck des Krieges« muss das (strategische) »Ziel im Krieg« bestimmen – und nicht umgekehrt.

Wir stoßen hier in seiner Politiktheorie auf ein Motiv, das Clausewitz schon in seiner Praxis- und seiner Widerstandstheorie betont hat: das Motiv der Freiheit. In der Literatur wurde immer wieder behauptet – unter anderem von Caygill (2013, 17) –, dass Clausewitz gar keinen Freiheitsbegriff habe. Aber diese Einschätzung beruht auf einem Irrtum. In seiner Praxistheorie betont Clausewitz, dass das kriegerische Genie sich vor allem durch die Freiheit auszeichnet, unabhängig und selbstbestimmt zu urteilen und zu handeln. In seiner Widerstandstheorie betont er, dass schwache Akteure, wenn sie nur die richtigen Mittel wählen, aus eigener Freiheit heraus tatsächlich Gegnern widerstehen können, die viel stärker sind als sie selbst. Die wesentliche Einsicht seiner Politiktheorie ist, dass es zu einem gewissen Grad in der Freiheit politischer Akteure liegt – in ihrer selbstbestimmten Zwecksetzung –, den Krieg zu dem zu machen, was sie aus ihm machen wollen.[28] Dies bedeutet nicht, dass Entscheidungsträger keinen strukturellen Zwängen ausgesetzt sind. Es bedeutet nicht, dass ein bloßer Voluntarismus herrscht. Der Krieg ist kein sicheres Mittel, um die selbstgewählten Zwecke auch zu erreichen. Clausewitz fordert, dass politische Entscheidungsträger den Krieg und seine Dynamiken – das Instrument, das sie nutzen – ausreichend kennen. Es ist nicht der Fall, dass Gewaltanwendung keine ihr inhärente Dynamik der Eskalation besitzt.

Der politische Zweck ist »kein despotischer Gesetzgeber, er muss sich der Natur des Mittels fügen und wird dadurch oft ganz verändert« (VK, 210). Aber – und dies ist der entscheidende Punkt – »immer ist er das, was zuerst in Erwägung gezogen werden muss« (VK, 210). Immer und in jeder Situation hat sich ein kriegführender Akteur zuallererst zu fragen, was er eigentlich erreichen möchte. Erst wenn diese Frage gestellt und beantwortet ist, kann man darüber nachdenken, welche Mittel nun einzusetzen sind. Ohne Antwort auf diese Frage kann man nicht gut und erfolgreich kämpfen.

Die entscheidende Frage, die sich nun stellt – und die Clausewitz nicht stellt –, ist die Frage, wie man das eigentlich anstellt, zu wissen, wofür man kämpfen möchte und wofür nicht. Clausewitz hält bloß und allein fest, dass es ein ganzes Spektrum an möglichen politischen Zwecken gibt – von Feindschaft und Hass bis zum Interesse, die eigene Lage durch Gewinne etwas zu verbessern (GA, 498–9). Man könnte mit Clausewitz die Frage, was man erreichen möchte, als den Kern politischen Denkens überhaupt begreifen. Clausewitz versteht Politik explizit als Form der »Intelligenz«, als »Intelligenz des personifizierten Staates« (VK, 212) bzw. als »Sachwalter«, der »alle Interessen der inneren Verwaltung, auch die der Menschlichkeit, und was sonst noch der philosophische Verstand zur Sprache bringen könnte, in sich vereinigt und ausgleicht« (VK, 993). Politik ist demnach für Clausewitz eine Art der vermittelnden Intelligenz bzw. Einsicht, die alle möglichen Interessen – gesellschaftliche, individuelle, normative und philosophische – zusammenbringt und zusammendenkt. Weniger abstrakt gesagt: Politik ist genau diejenige Sphäre menschlichen Handelns, in der man sich darüber einig wird, was man eigentlich erreichen möchte. Dies wird von Clausewitz »vorausgesetzt« (VK, 993). Die eigentlich politische Frage liegt jenseits seiner Theorie.

Eine andere, zugegebenermaßen weitergehende Interpretation könnte hier den spezifischen Charakter der Praxistheorie von Clausewitz mobilisieren. Wenn man den Charakter dieser Theorie bedenkt, die Anhalt für das Urteil bieten soll, dann liegt es nahe, dass die Frage des richtigen Urteils keine theoretisch eindeutige Antwort hat. Das Urteil nicht nur über die Art des Krieges, sondern auch über den Zweck desselben kann nicht von der Theorie gefällt werden. Clausewitz' Formel würde dann nur darauf hinweisen, dass man sich diesem Urteil stellen muss. Es muss ein Urteil darüber gefällt werden, was man erreichen möchte und warum man es erreichen möchte – und erst anhand dieses Urteils und auf seiner Grundlage kann und sollte man sich damit beschäftigen, wie man es erreicht. Das mag sich einfach anhören, ist aber in der Praxis zweifellos sehr schwierig.

Ich möchte hier abschließend noch kurz illustrieren, wie Clausewitz selbst anhand eines konkreten Beispiels zeigt, wie enorm relevant und wichtig die Frage nach dem politischen Zweck für die strategische Entscheidungsfindung ist. Dieses Beispiel ist eine Entscheidung, die Napoleon während seines Feldzugs in Italien im März 1797 traf, nämlich die Entscheidung, mit dem österreichischen Erzherzog Karl den Frieden von Campoformio zu schließen, anstatt weiter zu kämpfen. Clausewitz bespricht diese Entscheidung, um die Rolle und Aufgabe von theoriegeleiteter Kritik deutlich zu machen. Solche Kritik thematisiert die Angemessenheit von Zweck und Mittel auf verschiedenen Abstraktionsebenen. Letztlich führt sie immer wieder auf die Frage hin, was man insgesamt in einem Konflikt eigentlich erreichen möchte. War Napoleons Entscheidung für den Frieden von Campoformio vernünftig? Zunächst ja, schließlich musste er fürchten, dass von Norden aus den Alpen ein größeres Heer anrückte. Dann aber, den Blick weitend: Der Weg nach Wien war frei! Das wusste Napoleon vielleicht nicht, aber er hätte 1797 unter Umständen Wien bedrohen und erobern können, weil die Österreicher nur wenige Kräfte zwischen ihn und die Hauptstadt hätten stellen können. Aber, noch eine Ebene höher: Vielleicht hätten die Österreicher trotz der Eroberung von Wien nicht kapituliert, sondern Entsatz gesandt, und dann hätte es vielleicht schon damals schlimm um ihn gestanden wie später in Moskau 1812. Und schließlich noch eine Ebene höher: Was war denn der letzte Zweck der ganzen Aktion? Er war doch gar nicht, Österreich vollends zu besiegen und zu erobern. Das Direktorium in Paris kommt hier ins Spiel: Was wollte es? Es wollte nicht einen vollständigen Sieg, sondern einen moderaten Frieden. Und von daher gedacht war der Frieden von Campoformio, den Napoleon mit den Österreichern schloss, letztlich sinnvoll und vernünftig (VK, 317–20).

Was diese Besprechung (die ich hier in aller Kürze zusammengefasst habe) zeigt, ist einerseits, wie komplex die Frage ist, ob eine Handlung dem Zweck entspricht oder nicht. Möglichkeiten, die die Handelnden gar nicht sahen, müssen berücksichtigt werden. Es gibt eine lange Reihe von Zwecken, die wiederum Mittel sind für höhere Zwecke. Es gibt viele relevante Analyseebenen. Die Aufgabe theoriegeleiteter Kritik ist, die Handelnden durch diese Ebenen zu begleiten und ihnen Hilfestellung zu bieten bei ihren Antworten. »Auf allen Ebenen«, so fasst Aron Clausewitz' Einsicht zusammen, »stellt sich der militärische Führer [...] die Frage und muss sie sich stellen: Wozu? Was ist der Zweck, den ich mit dem Schuß, mit dem Laden, mit dem Angriff, mit dem Gefecht, mit der Schlacht, mit dem Feldzug, mit dem Krieg erreichen will?« (Aron 1980, 141) Ohne diese Frage zu beantworten, kann Kritik nicht stattfinden. Man kann einen Kriegführenden nicht aus rein strategischen Gründen dafür kritisieren, dass er etwas Bestimmtes nicht unternommen hat, obwohl es ihm Erfolg gebracht hätte. Denn man muss zuerst wissen, ob der erlangte Erfolg überhaupt mit seinem Zweck in Einklang stand. Man darf nicht die Politik vom Krieg her denken. Man muss den Krieg von der Politik her denken.

3.5 Rezeption und Aktualität von Clausewitz' Politiktheorie

Clausewitz hat keine explizite Theorie der Politik entwickelt und entfaltet. Er ist nur bei der Beschäftigung mit der Kriegsgeschichte zu der Einsicht gelangt, dass Kriege ohne Politik weder sinnvoll verstanden noch erfolgreich geführt werden können. Diese Einsicht hat in der Rezeptionsgeschichte ganz unterschiedliche Interpretationen erfahren. Die Formel vom Krieg als Fortsetzung der Politik wurde manchmal im Clausewitz'schen Sinn verstanden, manchmal aber auch ganz anders, als ihr Autor es im Sinn hatte. Aus pazifistischer Perspektive liegt es nahe, die Formulierung der Formel zurückzuweisen. In vielen Staaten ist der Krieg als Mittel der Politik heute diskreditiert (Schmidt 2007, 19). Gewaltanwendung gegenüber anderen Staaten wird oft mit anderen Begriffen gerechtfertigt – als Intervention, als Selbstverteidigungsmaßnahme. Aus demokratischer Perspektive kann man dagegen der Formel einen positiven Sinn abgewinnen. Alle Kriegführung, so kann man in Clausewitz'schen Begriffen fordern, sollte der demokratischen Staatsführung untergeordnet sein (Souchoun 2004). Das Militär soll kein Staat im Staate sein.

Die Grenzen der letzteren, demokratischen Interpretation sind in der US-amerikanischen Clausewitz-Rezeption besonders nach der Niederlage im Vietnamkrieg thematisiert worden. Das katastrophale Scheitern der Supermacht im Konflikt mit dem kommunistischen Nordvietnam löste im US-Militär eine regelrechte Clausewitz-Renaissance aus. Zum ersten Mal beherrschte Clausewitz die Debatte über die amerikanische Militärdoktrin.

Vom Kriege wurde 1976 zum Schlüsseltext in der Offiziersausbildung der Elitetruppen der US-Marineinfanterie (den »Marines«), 1978 in der Luftwaffe und 1981 auch im Heer (Bassford 1994a, 204). Zu dieser Renaissance trug nicht zuletzt eine kritische Analyse des Vietnamkriegs bei, die der Oberst Harry Summers über Jahre mündlich vortrug und schließlich unter dem Titel *On Strategy* auch als Buch vorlegte (Summers 1982). Summers nutzte Clausewitz' Theorie, um Punkt für Punkt die Fehler von US-Regierung und militärischer Führung in Vietnam aufzuzeigen. Besondererer Bedeutung kam dabei dem Verhältnis zwischen Politik und Militär zu, so wie es Clausewitz verstanden und gedeutet hatte. Summers argumentierte, dass die Unterordnung des Militärs unter die zivile politische Führung in der amerikanischen Republik zwar eine ganz natürliche institutionelle Errungenschaft sei, die schon lange in der Verfassung verankert worden war. Aber Clausewitz habe nicht simpel eine Unterordnung gefordert, sondern auch, dass die politische Führung das Instrument kenne, das sie nutze (Summers 1982, 4). Die zivile Entscheidungshoheit habe in der Praxis dazu geführt, dass die Armeeführung Anordnungen der Regierung ohne weitere Reflexion einfach befolgte, ohne auf Probleme und Schwierigkeiten hinzuweisen. Nicht das Primat der Politik über die Kriegführung erwies sich so als solches im Vietnamkrieg als Problem, sondern dessen unkritische und unbedachte Umsetzung.

Der Mangel an eigenständiger strategischer Analysefähigkeit im US-Militär wird in einer »bitteren« Anekdote offensichtlich, die laut Summers in den letzten Tagen des Vietnamkriegs kursierte. Als Präsident Richard Nixon 1969 die Amtsgeschäfte übernahm, habe man, so erzählt Summers, einen Rechner des Verteidigungsministeriums mit einer Menge an Daten gefüttert – wie etwa Bruttosozialprodukt, militärische Kennzahlen der Kontrahenten, etc. – und dann durch ein Programm zu errechnen versucht, bis wann der Konflikt entschieden sein sollte. Der Rechner spuckte rasch folgende Antwort aus: »Sie haben 1964 gewonnen!« (Summers 1982, 18) Diese Anekdote illustriert die Stimmung, in der Clausewitz' Theorie und Clausewitz'sches Denken im US-Militär auf fruchtbaren Boden stießen. Das vielleicht eindrücklichste Beispiel des Stimmungswandels vom Glauben an die Berechenbarkeit des Krieges hin zu einem eher philosophischen und theoretischen Kriegsverständnis ist ein grundlegendes Handbuch der Militärdoktrin, das 1989 unter dem Titel *Warfighting* (*Kriegführen*) in der Marineinfanterie in Umlauf kam (U.S. Marine Corps 1989). Christopher Bassford beschreibt dieses Dokument als »Kondensation« von Clausewitz unter »Zugabe« von etwas Sun Tzu und anderer militärtheoretischer Klassiker – ein »auf einzigartige Weise philosophisches Dokument« (Bassford 1994a, 205). Tatsächlich entsprach das Verhältnis zwischen Politik und Krieg, wie es in der Anekdote von der Errechnung der Siegchancen anhand statistischer Daten zum Ausdruck kommt, nie dem Clausewitz'schen Verständnis, sondern drückt eher das Gegenteil davon aus: eine Trennung von Politik und Militär im Sinne einer strikten Aufgabenteilung, laut der eine Seite entscheidet, die andere bloß umsetzt. Clausewitz' Überlegungen laufen aber gerade darauf hinaus, dass die strategische Entscheidungsfindung im Krieg gar nicht rein unpolitisch, technisch und logisch sein kann, weil ein solches Vorgehen den Krieg in ein »sinn- und zweckloses Ding« verwandeln würde (VK, 991).

Die Formel vom Krieg als Fortsetzung der Politik mit anderen Mitteln ist der meistzitierte und bekannteste Gedanke Clausewitz'. Er faszinierte linke Interpreten, die an die Stelle der Staatspolitik den politischen Kampf der Klassen um die Macht setzen (vgl. Hahlweg 1980b; Ancona 1980). Er wurde im Nuklearzeitalter von Militärtheoretikern genutzt, um über das Wesen und die Möglichkeit begrenzter Kriege im Angesicht der totalen Zerstörungskraft von Nuklearwaffen nachzudenken (Heuser 2005, 207–216). Als nach dem Ende des Kalten Krieges eine Zunahme asymmetrischer Konflikte diagnostiziert wurde, in denen nicht-staatliche Akteure eine gewichtige Rolle spielten – etwa in Afghanistan, Bosnien-Herzegowina, Kolumbien, Sierra Leone oder Somalia –, verbreitete sich eine bestimmte Interpretation, die der politische Theoretiker Herfried Münkler schon Ende der 1980er Jahre auf den Begriff einer »instrumentellen Kriegsauffassung« gebracht hat und die eher die Beschränktheit von Clausewitz' Denken illustriert als dessen Potenzial. Münkler unterscheidet zwei Phasen im Leben von Clausewitz: eine erste Phase, in der Clausewitz von nationalpatriotischen Gefühlen begeistert war und den Krieg als Möglichkeit ansah, diese in der weiteren Bevölkerung zu wecken; eine zweite Phase, in der sich die Gefühle abkühlten und eine konservative Wende stattfand (Münkler 1988, 240). In der ersten Phase formulierte Clausewitz laut Münkler eine existenzielle Kriegsauffassung, in der zweiten die instrumentelle. Die erste kulminiert in der *Bekenntnisdenkschrift* (siehe 2.1 oben), die zweite in der Formel vom Krieg als Fortsetzung der Politik (Münkler 1988, 236–7). Der grundlegende Unterschied zwischen beiden besteht darin, dass existenzielle Kriege den kriegführenden Staat erst hervorbringen und konstituieren, während instrumentelle Kriege ihn voraussetzen. In der instrumentellen Auffassung ist der Staat »bei Beendigung der Kriegshandlungen derselbe wie bei deren Eröffnung« (Münkler 1988, 249) und der Krieg ein rational kontrollierbares Werkzeug in der Hand der Staatsführung. Wenn man die Formel in diesem instrumentellen Sinn versteht, dann sind die »neuen Kriege« der 1990er Jahre, mit denen sich auch Münkler (2004) ausführlich beschäftigt hat, genau mit dem Gedanken, mit dem Clausewitz eigentlich die historische Verschiedenartigkeit aller Kriege erfassbar machen wollte, nicht mehr zu begreifen.

Münkler entwickelt eine bestimmte Clausewitz-Interpretation, indem er vom geänderten historischen Kontext auf den Inhalt der theoretischen Argumente schließt. Aber dieser spezifische interpretatorische Zugang unterschätzt die theoretische Innovation, die die Formel auf den Punkt bringt (vgl. Daase/Schindler 2009, 711–17). Clausewitz wollte explizit auch jene existenziellen Kriege als politisch verstanden wissen, in denen »die Frage gegenseitig auf Sein oder Nichtsein gestellt ist«, in denen »Politik und Feindschaft« zusammenfallen (GA, 498). Wie oben zitiert betont Clausewitz auch in *Vom Kriege*, dass der politische Zweck »kein despotischer Gesetzgeber« sei: »er muss sich der Natur des Mittels fügen und wird dadurch oft ganz verändert« (VK, 210). Clausewitz entdeckte bei der Arbeit am VIII. Buch seines Hauptwerks, dass es einen Widerspruch gibt zwischen der Natur des Krieges und gesellschaftlichen und menschlichen Interessen. Die Formel ersetzt tatsächlich, genau wie Münkler annimmt, einen Begriff des Krieges, dem zufolge vorher gesetzte Zwecke irrelevant sind. Aber dieser nun ersetzte Begriff ist nicht der des existenziellen Krieges, in dem wir unsere Identität verändern, sondern der des absoluten Krieges, in dem sich alles Handeln aus der Notwendigkeit der Eskalation ergibt. Zumindest ist die zentrale Gegenüberstellung im Text von *Vom Kriege* nicht die zwischen existenziellem und instrumentellem, sondern die zwischen absolutem und wirklichem Krieg. Die Formel soll für alle wirklichen Kriege in ihrer historischen Verschiedenartigkeit gelten, sowohl die eskalierten, in denen die Gewalt die Zwecke transformiert, als auch die weniger stark eskalierten. Die in der Formel auf den Punkt gebrachte Einsicht ist deshalb nicht, dass kriegführende Staaten sich nicht verändern, sondern dass die den gewaltsamen Mitteln inhärente Tendenz zur Eskalation nicht absolut ist (genau deshalb wurde heiß darüber diskutiert, ob dieser Gedanke für die Kriege des Nuklearzeitalters tatsächlich noch Gültigkeit besitzt, vgl. Aron 1980). Die Formel vom Krieg als Fortsetzung der Politik stellt strategische Notwendigkeit und politische Möglichkeit gegenüber. Ihre Pointe ist nicht, dass alles möglich ist, sondern nur, dass nie alles notwendig ist. Darin liegt ihre praktische Relevanz und Aktualität, die – anders als Münkler annimmt – nicht in Widerspruch, sondern in Kontinuität mit der Widerstandstheorie von Clausewitz steht.

Es ist deshalb auch alles andere als egal, ob man wie Clausewitz behauptet, der Krieg sei die Fortsetzung der Politik, oder im Gegenteil postuliert, die Politik sei die Fortsetzung des Krieges. Mehrere Denker haben tatsächlich eine solche Umdrehung vorgeschlagen, darunter nicht nur rechte Advokaten des totalen Krieges wie Ludendorff (Ludendorff 1980), sondern auch kritische Geister wie Dilthey (vgl. Münkler 1988, 244). Unter letzteren ist nicht zuletzt der französische Philosoph Michel Foucault. Foucault argumentiert in seiner Vorlesung *In Verteidigung der Gesellschaft*, dass hinter dem hellen Anschein moderner Institutionen, die vorgeben, den gesellschaftlichen Frieden zu wahren und zu garantieren, in Wahrheit eine dunkle Realität von Zwang, Kampf und Konflikt existiere. Das Ziel von Foucaults Gesellschaftsanalyse war es, genau diese dunkle Realität zum Vorschein zu bringen. Foucault nutzte also die Umdrehung der Clausewitz'schen Formel, um in unserem Bewusstsein Raum für die dunkle und düstere, versteckte und verborgene Wahrheit zu schaffen, dass die offizielle Politik nichts anderes ist als eine Fortsetzung des Krieges (Foucault 2001; vgl. auch Barkawi/Brighton 2011). Aber die Realität gesellschaftlicher Kämpfe erscheint nur insofern und so lange als düster und dunkel, wie Kämpfe – mit Foucaults eigenen Worten gesprochen – Produkte struktureller Macht sind. Die Realität einer wirklich freien Gesellschaft ist nicht durch die Abwesenheit von Kämpfen charakterisiert, wie uns (hier hatte Foucault recht) unsere Institutionen manchmal vorgaukeln, sondern durch eine Art und Weise des Kämpfens, die die Selbstbestimmtheit der Menschen fördert. Kämpfen ist ein wesentliches Mittel dafür – wie Honneth in seiner Studie zum »Kampf um Anerkennung« erkannte –, sich der eigenen Identität bewusst zu werden (Honneth 1994). Es ist eine Form des menschlichen Tätigseins, die uns, wenn wir sie im Sinn der Clausewitz'schen Theorie verstehen, unweigerlich mit der Frage konfrontiert, was wir damit eigentlich erreichen wollen und was nicht.

Schluss

Clausewitz hat beim Nachdenken über den Krieg drei grundlegende Einsichten erlangt. Diese Einsichten beziehen sich alle drei auf ein Verständnis des Krieges als Kampf. Sie haben nicht den Charakter sozialwissenschaftlicher Hypothesen, die zur Erklärung empirischer Phänomene dienen. Stattdessen handelt es sich um praxistheoretische Einsichten, die Anhaltspunkte für das eigenständige Urteil von handelnden Subjekten bieten sollen.

Clausewitz war fest davon überzeugt, dass solche praxistheoretischen Einsichten nötig sind, um einen Widerspruch zwischen Theorie und Praxis zu vermeiden. Er sah das Kämpfen als eine Praxis an, die nur dann erfolgreich bewältigt werden kann, wenn Handelnde über freie und selbstbestimmte Urteilskraft verfügen. Deshalb vermied er in *Vom Kriege* Auflistungen von Handlungsregeln, die den Eindruck erwecken konnten, man brauche sie nur auswendig zu lernen, um erfolgreich zu kämpfen. Stattdessen hoffte er, dass man beim Lesen seines Werks dazu inspiriert werden würde, selbständig zu denken und zu handeln.

Clausewitz hat dieses spezifische Verständnis von Theorie auf der Grundlage von Begegnungen mit herausragenden Praktikern, eigenen praktischen Erfahrungen und der Lektüre von Denkern wie Montesquieu und Kant entwickelt. Hervor sticht insbesondere die Begegnung mit seinem Lehrer und Mentor Gerhard Johann David Scharnhorst. Scharnhorst verkörperte für Clausewitz genau die Art von theoretischem Denken, die man benötigt, um praktisch wirksam zu sein. Er dachte tief, präzise und unabhängig, berücksichtigte Geschichte und Erfahrung, und versuchte zum Selbstdenken zu inspirieren. Im Gegensatz zu Scharnhorst fehlte Karl Ludwig von Phull, als dessen Adjutant Clausewitz während der Anfangsmonate von Napoleons Russlandfeldzugs diente, die Befähigung zur praktischen Wirksamkeit. Phull nutzte seine intellektuellen Fähigkeiten nicht als Anker, um in der Praxis sicheren Halt zu gewinnen, sondern ließ sich im Gegenteil von seiner Begeisterung für Ideen mit- und fortreißen. Deshalb war Phull schnell enttäuscht und frustriert, wenn es zu Schwierigkeiten bei der praktischen Umsetzung seiner Pläne kam. Phull schien keinen Begriff und keine Erfahrung von den Friktionen zu besitzen, die die Praxis des Kämpfens charakterisieren.

Als enges Mitglied im Kreis der preußischen Militärreformer um Scharnhorst und Gneisenau hat Clausewitz politische Erfahrung gesammelt. Im Konflikt um die Hegemonie Napoleons in Europa bezog er klar Stellung zur Frage, ob sich sein Heimatland Napoleon unterordnen oder Widerstand leisten sollte. Clausewitz plädierte mit Leidenschaft für Letzteres, aber der preußische König entschloss sich 1812 für Ersteres. Letztendlich bewahrheitete sich jedoch Scharnhorsts Prognose, dass Napoleon in Russland besiegt werden konnte, wenn die russische Armee die Weite des Landes für einen Rückzug nutzte. Clausewitz analysierte treffend die Ursachen für den Untergang von Napoleons Armee. Er kam zu dem Schluss, dass die russischen Militärführer mehr aus Zufall und glücklichen Umständen denn aus strategischer Weitsicht die richtige Entscheidung getroffen hatten, Napoleon ins Innere des Landes zu locken. Die Einsicht in die Stärke einer »aktiven« Verteidigung machte er zum zentralen Element seiner Kriegstheorie. Diese These faszinierte besonders linke Revolutionäre wie Lenin und Mao, die vor das Problem gestellt waren, wie man einen Kampf gegen eine Übermacht sinnvoll führen kann.

Das größte Interesse hat in der Clausewitz-Rezeption seine Formel vom Krieg als Fortsetzung der Politik mit anderen Mitteln ausgelöst. Das Interesse resultiert nicht zuletzt daher, dass diese Formel eine Reihe von verschiedenen Interpretationen zulässt. Von ihr ausgehend kann man den Krieg als Fortsetzung des Klassenkampfs bestimmen, über begrenzte Kriege im Nuklearzeitalter nachdenken, die Oberhoheit der zivilen (demokratischen) Politik über das Militär fordern, die angebliche Neuheit von Kriegen betonen, die keine Fortsetzung der Staatspolitik mehr seien, oder (in Umkehrung von Clausewitz' These) die Politik als Fortsetzung des Krieges analysieren. Wenn man sich allerdings mit der Erfahrung auseinandersetzt, die Clausewitz bei der Niederschrift des VIII. Buches von *Vom Kriege* machte, dann kommt man zu dem Schluss, dass nur ein Teil dieser Deutungen den Kern der Sache, um die es Clausewitz ging, angemessen trifft. Clausewitz erkannte bei der Arbeit am letzten Buch seines Werks, dass eine Änderung der theoretischen Annahmen nötig war, die er bis dahin formuliert hatte. In der Geschichte zielte nur eine geringe Anzahl an Kriegen auf das Niederwerfen des Gegners. Auch wenn Napoleon den Krieg mit großem Erfolg auf solche eskalierte, absolute Weise geführt hatte, so verbat es sich in der Theorie doch, alle anderen militärischen Konflikte daran zu messen. Stattdessen war es notwendig, der freien Urteilskraft auch hier, bei der grundsätzlichen Beurteilung von Wesen und Art eines Kampfes, den ihr angemessenen Platz einzuräumen. Dies war nötig, weil man andernfalls riskierte, die historische Veränderbarkeit zu ignorieren, die nicht allein die Konflikte der Vergangenheit charakterisierte, sondern auch die der Zukunft charakterisieren würde.

Die Formel vom Krieg als Fortsetzung der Politik steht in Kontinuität mit den Einsichten, die Clausewitz früher erlangt hatte. Sie ist gewissermaßen der Kulminationspunkt, auf den Clausewitz' Denken zulief, das mit dem Versuch begann, eine praxisrelevante Theorie zu formulieren. Die Formel reflektiert die Erfahrung, die Clausewitz bereits in der Begrifflichkeit von Friktion und Genie ausdrückte und die auch in der Einsicht in die Stärke der Verteidigung zum Ausdruck kommt: die Erfahrung, dass das Kämpfen eine Praxis ist, der das Potenzial der Freiheit innewohnt. Diese Erfahrung ist überraschend, weil Kampf zunächst nicht mit Freiheit, sondern mit ihrem geraden Gegenteil, dem Zwang, assoziiert ist. Zu kämpfen heißt zu versuchen, mit Gewalt (ob in aktualisierter oder potenzieller Form) den eigenen Willen auch gegen Widerstand durchzusetzen. Aber die Pointe von Clausewitz' Theorie ist nicht, dass Freiheit ein Ergebnis des Siegs im Kampf ist, sondern dass sich Freiheit unter den Bedingungen des Kampfes manifestiert. Freiheit ist an die Anwesenheit von Gegnern geknüpft, die uns widerstehen. Wer alle gegnerischen Kräfte entweder vollständig beseitigt oder ihnen beständig ausweicht, der kann die Erfahrung, unter Druck zu den eigenen Überzeugungen zu stehen, gar nicht machen. Dies ist der Grund, aus dem Clausewitz beim Nachdenken über den Krieg auf den Begriff der Freiheit stieß. Dies ist der Grund, aus dem die zentralen Einsichten seiner Theorie Inspiration für die Praktiken einer freieren Gesellschaft bieten.

Die zentrale Aufgabe beim Aufbau freier Gesellschaften ist nicht die Abschaffung des Kampfes, sondern die Ermöglichung gewaltlosen Konfliktaustrags. Allen Konflikten wohnt das Potenzial der Gewaltsamkeit inne. Gewaltloser Kampf ist eine Form des Kämpfens, die dieses Potenzial nicht aktuell werden lässt. Die Fähigkeit, gewaltlos zu kämpfen, ist bitter nötig, weil die Alternativen dazu nur entweder aktualisierte Gewalt oder Aufgabe und Flucht sind. Obwohl Clausewitz sich mit Gewalt in ihrer aktualisierten Form beschäftigt hat, lassen sich die drei Einsichten, die er dabei gewonnen hat, auch auf den gewaltlosen Kampf übertragen. Die Anwendung von Gewalt kann man als eine Form des Handelns verstehen, das die Integrität des Gegenübers zu zerstören sucht, entweder physisch (durch Töten oder Verletzen) oder psychologisch (durch symbolische Gewalt). Aber das freie, widerständige, sich der eigenen Zwecke bewusste Kämpfen, um das es in Clausewitz' Theorie geht, kann letztlich der Integrität aller Kämpfenden dienen. Alle Kämpfenden können sich dadurch als frei erfahren; allen steht die Möglichkeit offen, durch aktives Warten Stärke aufzubauen; alle Kämpfenden sind mit der Frage konfrontiert, um welche jenseits des Kampfes liegenden Zwecke es ihnen eigentlich geht. Zumindest lässt sich hoffen, dass die Kenntnis der Clausewitz'schen Theorie uns nicht nur dabei hilft, selbst gut und erfolgreich zu kämpfen, sondern auch unser Nachdenken über die Bedingungen befruchtet, unter denen wir alle Freiheit erfahren und Integrität erleben können. In gewissem Sinn werden dann unsere schärfsten Gegner zu unseren besten Alliierten beim Kampf um eine bessere Welt.

Danksagung

Ich danke meiner Frau Julia Richter, meinem Vater Horst Schindler und meinen Freunden Philip Wallmeier und Tobias Wille für ausführliche Kommentare und Kritik. Der vorliegende Text würde ohne ihre treffenden Einwände und konstruktiven Vorschläge in dieser Form nicht existieren. Steffen Herrmann danke ich für das Lektorat und die stets freundliche und geduldige Betreuung, Begleitung und Ermutigung. Schließlich gilt mein Dank Christopher Daase, ohne den ich nie auf die Idee gekommen wäre, mich mit Clausewitz zu beschäftigen.

Anhang

Anmerkungen

1 Clausewitz selbst ließ wenig Zweifel daran, dass das Kriegführen keine schöne Sache ist. »Wir mögen nichts hören von Feldherren, die ohne Menschenblut siegen«, schrieb er (VK, 470). Und weiter: »Wenn das blutige Schlachten ein schreckliches Schauspiel ist, so soll das nur eine Veranlassung sein, die Kriege mehr zu würdigen, aber nicht die Schwerter, die man führt, nach und nach aus Menschlichkeit stumpfer zu machen, bis einmal wieder einer dazwischen kommt mit einem scharfen, der uns die Arme beim Leibe weghaut.« (VK, 470) Clausewitz ging davon aus, dass es Kriege und Gewalt immer geben würde. Er hielt den Versuch, den Krieg abzuschaffen, nicht nur für unrealistisch, sondern sogar für gefährlich. Der Verzicht auf Gewalt würde uns wehrlos machen im Augenblick der Gefahr.

2 Kampf wiederum ist für Clausewitz definiert als »ein Abmessen der geistigen und körperlichen Kräfte vermittelst der letzteren« (VK, 269). Während an dieser Stelle in *Vom Kriege* Kampf also explizit mit physischer Gewaltanwendung assoziiert wird, gibt es andere Stellen, an denen vom Kampf in Friedenszeiten die Rede ist oder das bloße Beobachten auch schon als Form der Kriegführung beschrieben wird (VK, 835, 855). Ich denke, dass es tatsächlich leicht möglich ist, Clausewitz' Theorie auf einen allgemeineren Begriff des Kampfes zu beziehen – wenn man nämlich physische Gewalt nicht als in jedem Kampf aktuell, sondern nur potenziell vorliegend versteht. Kampf bezieht sich dann auf alles Handeln in Konfliktsituationen, denen – soweit wir wissen – tatsächlich immer das Risiko des Abdriftens in Gewalt innewohnt.

3 In der englischsprachigen Theorietradition haben die Klassiker des so genannten politischen Realismus – Hans Morgenthau, Edward Carr, John Herz – am ehesten so etwas formuliert wie einen positiven Begriff des Kämpfens. Morgenthaus Kritik an der »Abwertung der Macht«, die sich durch sein gesamtes Werk zieht, ist nicht zuletzt auch eine Kritik an der Abwertung des Kämpfens (Morgenthau 1973).

Eine empirische Studie, die zeigt, dass vielleicht auch Kriege besser als Kampf um Anerkennung denn als Kampf um Selbsterhalt verstanden werden können, hat Erik Ringmar (1996) vorgelegt.

4 Durch das Vorbild Scharnhorsts wusste Clausewitz laut Aron um die Wichtigkeit von drei Dingen: »das menschliche Herz kennen, von der Geschichte lernen, sich die Kampfeserfahrungen vor Augen halten« (Aron 1980, 590). Aron hält auch fest: »Scharnhorst scheint der erste in seiner Zeit gewesen zu sein, der den Krieg umfassend, geschichtlich wie auch technisch, gedacht hat.« (Aron 1980, 591)

5 »Wir treten dann nicht der Welt doktrinär mit einem neuen Prinzip entgegen: Hier ist die Wahrheit, hier kniee nieder! Wir entwickeln der Welt aus den Prinzipien der Welt neue Prinzipien.« (Marx 1843)

6 In der Rezeption gibt es manchmal die Tendenz, die Rolle Scharnhorsts für Clausewitz kleinzureden, die wohl daher rührt, dass die Originalität Clausewitz' dadurch umso größer erscheint. Mir scheint es im Gegenteil wichtig, die Rolle Scharnhorsts anzuerkennen, genau um die Originalität von Clausewitz zu verstehen.

7 Paret geht davon aus, dass Clausewitz »Scharnhorsts skeptische Beurteilung militärischer Dogmen« bereits an der Berliner Kriegsschule übernahm (Paret 1980, 357). Er zeigt anhand eines frühen Aufsatzes über den Schwedenkönig Gustav Adolf, dass die historische Methode und die Grundideen der Theorie schon früh existierten. Ähnlich sieht dies auch Hahlweg.

8 Wie Paret schreibt, besaß Clausewitz einen tiefen Glauben »an die ursächliche Bedeutung tiefer Persönlichkeitsstruktur« (Paret 1980, 361).

9 Zum Begriff des Kampfes siehe Anmerkung 2 oben.

10 Hier wie oben bei der Gefahr bedient sich Clausewitz des Mittels literarischer, subjektiver Beschreibung, um die Auswirkung der Friktion zu illustrieren. Dieses Mittel scheint deshalb besonders geeignet, weil die Friktion wesentlich eine subjektive, über und in Emotionen wirksame Kraft ist.

11 Das von Clausewitz beschriebene Problem ist im digitalen Zeitalter scheinbar umfassender Information keineswegs aus der Welt. Im Gegenteil kann man sagen, dass auch digitale Kommunikation verzerrende Effekte aufweisen kann, die den von Clausewitz beschriebenen nicht unähnlich sind. Deshalb sind die Qualitäten, die Clausewitz als zentral sieht für den Umgang mit der Friktion – das kriegerische

»Genie«, das ich im folgenden Abschnitt erläutern werde –, nicht unbedingt veraltet, obwohl, wie Dillon and Reid festhalten, »today's neo-Clausewitzians, exponents of the contemporary arts of network centric warfare, information warfare and effects-based operations, have all but abandoned the pursuit of principle, now, for the rule of contingency instead« (Dillon and Reid 2009, 34).

12 Clausewitz' Ausführungen an dieser Stelle erinnern mich an die Tugendlehre der alten Griechen, an ihre Vorstellung von Virtuosität, die Hannah Arendt in ihrem Buch *Vita activa oder Vom tätigen Leben* eindrucksvoll beschrieben hat (Arendt 1981). Wie Clausewitz versucht auch Arendt, den Wunsch, sich vor anderen auszuzeichnen, zu rehabilitieren. Sie deutet ihn als eine Kraft, die nicht Unterordnung und Einförmigkeit bewirkt, sondern im Gegenteil den Raum der Pluralität und Vielfalt erst aufspannt, weil jeder sich durch seine ganz individuellen Fähigkeiten auszeichnen möchte und sozusagen vom Ehrgeiz dazu getrieben wird, diese Fähigkeiten (und damit sich selbst) zu erkennen. Ich führe Arendt hier an, weil diese Idee, die auch Clausewitz hat, nämlich dass im Ehrgeiz eine positive Kraft steckt, einem weitverbreiteten Vorurteil entgegensteht, wonach er eine tendenziell negative Eigenschaft ist. Er ist es nicht per se, nicht als solcher, auch wenn es viel »Mißbrauch dieser stolzen Sehnsucht« (VK, 240) gibt.

13 Förster bezeichnet Theorie als Denk-Methode (Förster 1980, 39).

14 Sumida zeigt, dass diese Clausewitz'sche Einsicht von modernen, so genannten »kognitionswissenschaftlichen« Untersuchungen bestätigt wurde, etwa von dem Pädagogen Guy Claxton in seinem Buch *Hare Brains, Tortoise Mind: Why Intelligence Increases When You Think Less*. Siehe die ausführliche Diskussion in Sumida (2008, 117–20).

15 Alle Reformer, so hält Förster fest, »bewegt die Frage, wie trotzdem ein erfolgversprechender Widerstand organisiert werden konnte« (Förster 1980, 23).

16 Die Allianz zwischen Frankreich und Preußen wurde im Februar 1812 abgeschlossen (RF, 9). Es ist nicht unwahrscheinlich, dass Clausewitz seinen Text größtenteils vor der Entscheidung (also als Plädoyer) schrieb und erst nach der Entscheidung in eine Rechtfertigungsschrift umwandelte.

17 Siehe auch Förster (1980, 26). Clausewitz dachte schon bald über Möglichkeiten des Widerstands nach. Eine frühe Schrift schließt mit

der Bemerkung Kants, dass die Herausforderung Napoleon nicht zur Kapitulation führen sollte, sondern zu einer »gleichgearteten großen Erwiderung« (Paret 1980, 355).

18 Diesen Konflikt hatte Clausewitz bereits in seinen *Vorlesungen über den Kleinen Krieg* an der Berliner Kriegsschule ab 1810 analysiert (vgl. Heuser 2005, 4).

19 Worüber Clausewitz selten spricht, ist, welche Folgen für die Kohäsion der Akteure (siehe dazu Daase 1999) so ein kleiner Krieg gehabt hätte. Das ist nicht ausgemacht; hätte die österreichische Monarchie nicht Schaden genommen durch so einen Widerstand? Was, wenn Napoleon sich die Bevölkerung zu Freunden statt zu Feinden gemacht hätte?

20 In seiner monumentalen Studie zur Veränderung der europäischen Politik zwischen 1763 und 1848 kritisiert der Historiker Paul Schroeder die Friedlosigkeit, die dieser Strategie notwendig innewohnen musste. Siehe Schroeder (1994).

21 Eine Parallele zwischen dieser Geschichte und Strategien des asymmetrischen Kampfes allgemein zieht Malcolm Gladwell (2009).

22 Siehe dazu den Eintrag zu Phull auf https://www.deutsche-biographie.de/sfz95749.html; 10.1.2020.

23 Zu Ähnlichkeiten und Unterschieden zwischen Webers Idealtypen und Clausewitz' Begriffen vgl. Aron (1980, 80); Wehler (1980, 478–9).

24 Diese Erkenntnis ist allerdings nicht allein ein Desiderat jüngerer Forschung. Schon Hans Rothfels hielt klipp und klar fest, dass »die Theorie von Clausewitz [...] über weite Strecken um den Nachweis bemüht [ist], dass der Schwache zumindest eine reelle Chance hat, einem stärkeren Gegner zu widerstehen« (Rothfels 1980 [1941], 283).

25 Clauswitz' eigene Prognose in seiner Nachricht vom 10. Juli 1827 hat sich in gewisser Weise als prophetisch erwiesen: »Sollte mich ein früher Tod in dieser Arbeit unterbrechen, so wird das, was sich vorfindet, freilich nur eine unförmliche Gedankenmasse genannt werden können, die, unaufhörlichen Mißverständnissen ausgesetzt, zu einer Menge unreifer Kritiken Veranlassung geben wird; denn in diesen Dingen glaubt jeder das, was ihm einfällt, indem er die Feder ergreift, eben gut genug, um gesagt und gedruckt zu werden, und hält es für ebenso unbezweifelhaft, als daß zwei mal zwei vier ist. Wollte er sich die Mühe geben wie ich, jahrelang über den Gegenstand nachzudenken

und ihn immer mit der Kriegsgeschichte zu vergleichen, so würde er freilich mit der Kritik behutsamer sein.« (VK, 180–1)

26 Walther Malmsten Schehring war der letzte Interpret, der noch Zugang hatte (Aron 1980, 24).

27 Was wiederum ein Grund ist, das I. Buch als das weiter ausgearbeitete zu begreifen.

28 Diese Einsicht ist Bestandteil aller kritischen, emanzipatorischen Theorie – zum Beispiel auch des Sozialkonstruktivismus von Alexander Wendt, der argumentiert, dass internationale Anarchie nur das ist, was Staaten aus ihr machen. Vgl. Wendt (1992).

Literatur

Mit Siglen zitierte Werke Clausewitz

VK Clausewitz, Carl von: Vom Kriege, hrsg. von Werner Hahlweg, Bonn: Ferd. Dümmlers Verlag, 1980.

LCS Clausewitz, Carl von: »Über das Leben und den Charakter von Scharnhorst«, in: ders.: Verstreute Kleine Schriften, hrsg. von Werner Hahlweg, Osnabrück: Biblio-Verlag, 1979, S. 205–250.

RF Clausewitz, Carl von: Der russische Feldzug von 1812, Essen: Magnus-Verlag, o.D.

BD Clausewitz, Carl von: »Bekenntnisdenkschrift«, in: ders.: Ausgewählte militärische Schriften, hrsg. von Gerhard Förster und Dorothea Schmidt, Berlin: Militärverlag der Deutschen Demokratischen Republik, 1980, S. 140–215.

GA Clausewitz, Carl von: »Gedanken zur Abwehr. 22. Dezember 1827 und 24. Dezember 1827«, in: ders.: Verstreute Kleine Schriften, hrsg. von Werner Hahlweg, Osnabrück: Biblio-Verlag, 1979, S. 493–530.

Weitere zitierte Literatur

Ancona, Clemente (1980): »Der Einfluß Clausewitz' ›Vom Kriege‹ auf das marxistische Denken von Marx bis Lenin«, in: Dill 1980, S. 560–591.

Anderl, Felix/Wallmeier, Philip (2018): »Modi der Kritik des internationalen Regierens. Ein Plädoyer für immanente Kritik«, in: Zeitschrift für Internationale Beziehungen, 25(1), S. 65–89.

Arendt, Hannah (1981): Vita activa oder Vom tätigen Leben, München: Piper.

Arendt, Hannah (1991): Elemente und Ursprünge totaler Herrschaft. Antisemitismus, Imperialismus, Totalitarismus, München: Piper.

Barkawi, Tarak/Brighton, Shane (2011): »Powers of War: Fighting, Knowledge, and Critique«, in: International Political Sociology, 5(2), S. 126–143.

Bassford, Christopher (1994a): Clausewitz in English: The Reception of Clausewitz in Britain and America 1815–1945, Oxford: Oxford University Press.

Bassford, Christopher (1994b): »John Keegan and the Grand Tradition of Trashing Clausewitz: a Polemic«, in: War in History, 1(3), S. 319–336.

Caygill, Howard (2013): On Resistance: A Philosophy of Defiance, London: Bloomsbury.

Clausewitz, Carl von (1976): On War, hrsg. von Michael Howard und Peter Paret, Princeton: Princeton University Press.

Clausewitz, Carl von (2015): Clausewitz on Small War, hrsg. und übersetzt von Christopher Daase und James W. Davis, Oxford: Oxford University Press.

Daase, Christopher (1999): Kleine Kriege – Große Wirkung. Wie unkonventionelle Kriegführung die internationalen Beziehungen verändert, Baden-Baden: Nomos.

Daase, Christopher/Schindler, Sebastian 2009: »Clausewitz, Guerillakrieg und Terrorismus. Zur Aktualität einer missverstandenen Kriegstheorie«, in: Politische Vierteljahresschrift, 50(4), S. 701–731.

Dill, Günter (Hrsg.) (1980): Clausewitz in Perspektive. Materialien zu Carl von Clausewitz: Vom Kriege, Frankfurt am Main: Ullstein.

Dillon, Michael/Reid, Julian (2009): The Liberal Way of War: Killing to Make Life Live, London: Routledge.

Förster, Jürgen (1980): »Einführung«, in: Clausewitz, Carl von: Ausgewählte militärische Schriften, hrsg. von Gerhard Förster und Dorothea Schmidt, Berlin: Militärverlag der Deutschen Demokratischen Republik, S. 7–45.

Foucault, Michel (2001): In Verteidigung der Gesellschaft. Vorlesungen am Collège de France (1975–76), Frankfurt am Main: Suhrkamp.

Fromkin, David (1975): »The Strategy of Terrorism«, in: Foreign Affairs 53(4), S. 683–698.

Gallie, W.B. (1978): Philosophers of Peace and War: Kant, Clausewitz, Engels, Marx and Tolstoy, Cambridge: Cambridge University Press.
Gat, Azar (1989): The Origins of Military Thought: From the Enlightenment to Clausewitz, Oxford: Oxford University Press.
Girard, René (2011): Achever Clausewitz. Entretiens avec Benoît Chantre, Paris: Flammarion.
Gladwell, Malcolm (2009): »How David Beats Goliath: When the Underdogs Break the Rules«, in: The New Yorker, 11.5.2009.
Graf, Oskar Maria (2017): Das Leben meiner Mutter, Berlin: List.
Guevara, Che Ernesto (1980 [1962]): »Taktik und Strategie der lateinamerikanischen Revolution«, in: Dill 1980, S. 664–677.
Haffner, Sebastian (2000): Geschichte eines Deutschen. Die Erinnerungen 1914–1933, Stuttgart: Deutsche Verlags-Anstalt.
Hahlweg, Werner (1979): Einleitung, in: Clausewitz, Carl von: Verstreute Kleine Schriften, hrsg. von Werner Hahlweg, Osnabrück: Biblio-Verlag, S. IX–XXV.
Hahlweg, Werner (1980a): »Das Clausewitzbild einst und jetzt«, in: Clausewitz, Carl von: Vom Kriege, hrsg. von Werner Hahlweg, Bonn: Ferd. Dümmlers Verlag, S. 1–172.
Hahlweg, Werner (1980b): »Lenin und Clausewitz. Ein Beitrag zur politischen Ideengeschichte des 20. Jahrhunderts«, in: Dill 1980, S. 592–651.
Herberg-Rothe, Andreas (2001): Das Rätsel Clausewitz. Politische Theorie des Krieges im Widerstreit, München: Wilhelm Fink Verlag.
Herberg-Rothe, Andreas (2014): »Clausewitz's Concept of Strategy – Balancing Purpose, Aims and Means«, in: Journal of Strategic Studies, 37 (6-7), S. 903–925,
Heuser, Beatrice (2005): Clausewitz lesen! Eine Einführung, München: R. Oldenbourg Verlag.
Honneth, Axel (1994): Kampf um Anerkennung. Zur moralischen Grammatik sozialer Konflikte, Frankfurt am Main: Suhrkamp.
Jaeggi, Rahel (2009): Was ist Ideologiekritik?, in: Was ist Kritik?, hrsg. von ders. und Thilo Wesche, Frankfurt am Main: Suhrkamp, S. 266–295.
Jahn, Beate (2017): Theorizing the Political Relevance of International Relations Theory, in: International Studies Quarterly, 61(1), S. 64–77.
Kaldor, Mary (2000): Neue und alte Kriege. Organisierte Gewalt im Zeitalter der Globalisierung, Frankfurt am Main: Suhrkamp.

Korsch, Karl (1980): »Zum Clausewitzschen Theorie-Begriff«, in: Dill 1980, S. 558–559.

Ludendorff, Erich (1980): »Das Wesen des totalen Kriegs«, in: Dill 1980, S. 511–519.

Marx, Karl (1843): Brief an Ruge vom September 1843, in: Karl Marx/ Friedrich Engels, Werke, Berlin: Dietz Verlag, 1976, S. 345.

Morgenthau, Hans J. (1973 [1948]): Politics among Nations: The Struggle for Power and Peace, New York: Alfred A. Knopf.

Münkler, Herfried (1988): »Instrumentelle und existentielle Auffassung vom Krieg bei Carl von Clausewitz«, in: Leviathan, 16(2), S. 235–251.

Paret, Peter (1980): »Clausewitz' Frühe Schriften«, in: Dill 1980, S. 354–379.

Ringmar, Erik (1996): Identity, Interest and Action: A Cultural Explanation of Sweden's Intervention in the Thirty Years War, Cambridge: Cambridge University Press.

Rothfels, Hans (1980): »Clausewitz«, in: Dill 1980, S. 261–290.

Schmidt, Helmut 2007: »Das Ethos des Politikers«, in: http://www.alumni.uni-tuebingen.de/download/h52-weltethosrede2007.pdf; 10.6.2007.

Schroeder, Paul W. (1994): The Transformation of European Politics, 1763–1848, Oxford: Oxford University Press.

Souchon, Lennon (2004): Interview mit dem Westdeutschen Rundfunk (WDR) am 21.9.2004, in: http://www.wdr.de/tv/q21/887.0.phtml; 1.9.2007.

Sumida, Jon Tetsura (2008): Decoding Clausewitz: A New Approach to On War, Lawrence: University of Kansas Press.

Summers, Harry G. (1982): On Strategy: A Critical Analysis of the Vietnam War, Novato, CA: Presidio.

U.S. Marine Corps (1989): Warfighting, FMFM 1, Washington, DC: Headquarters United States Marine Corps.

Vollrath, Ernst (1984): »›Neue Wege der Klugheit‹. Zum methodischen Prinzip der Theorie des Handelns bei Clausewitz«, in: Zeitschrift für Politik, 31(1), S. 53–76.

Wassermann, Felix (2015): Asymmetrische Kriege. Eine politiktheoretische Untersuchung zur Kriegführung im 21. Jahrhundert, Frankfurt am Main: Campus.

Wehler, Hans-Ulrich (1980): »›Absoluter‹ und ›totaler‹ Krieg. Von Clausewitz zu Ludendorff«, in: Dill 1980, S. 474–510.

Wendt, Alexander (1992): »Anarchy Is What States Make of It«, in: International Organization, 46(2), S. 391–425.

Zeittafel

1780	Geburt am 1. Juni in der Kleinstadt Burg nahe Magdeburg
1792	Eintritt in das preußische Militär
1793/1794	Preußischer Soldat in Feldzügen gegen das revolutionäre Frankreich
1801–1804	Besuch der Allgemeinen Kriegsschule in Berlin; Gerhard Scharnhorst wird auf ihn aufmerksam; Abschluss als Jahrgangsbester
1803	Bekanntschaft mit Marie von Brühl
ab 1804	Adjutant des Prinzen August von Preußen
1806	Teilnahme an der Schlacht bei Auerstedt
1806–1808	Französische Kriegsgefangenschaft in Nancy, Soissons und Paris
1809–1812	Mitarbeit im Kreis der preußischen Militärreformer um Scharnhorst und Gneisenau
1810	Heirat mit Marie von Brühl
1812	*Bekenntnisdenkschrift*; Austritt aus der preußischen und Eintritt in die russische Armee zu Beginn von Napoleons Russlandfeldzug; Adjutant des Generals Karl Ludwig von Phull; Mitwirkung an der Aushandlung der Neutralitätserklärung des preußischen Kontingents (»Konvention von Tauroggen«)
1813	Tod Scharnhorsts am 28. Juni in Prag infolge einer Kriegsverletzung
1814	Rückkehr in die preußische Armee
1815	Schlacht bei Waterloo; Ende der Napoleonischen Herrschaft
1817	*Über das Leben und den Charakter von Scharnhorst*
1818	Beförderung zum Generalmajor; Direktor der Allgemeinen Kriegsschule in Berlin; Beginn der Arbeit an *Vom Kriege* und an *Der russische Feldzug von 1812*
1827	Formulierung der Formel vom »Krieg als Fortsetzung der Politik mit anderen Mitteln«; Entschluss zur Umarbeitung des Werks

1830	Einberufung in den aktiven Militärdienst; Versiegelung des Manuskripts
1831	Tod am 16. November in Breslau
1832/33/34	Veröffentlichung von *Vom Kriege* und anderer hinterlassener Werke durch Marie von Clausewitz

Sebastian Schindler ist Akademischer Rat auf Zeit am Geschwister-Scholl-Institut für Politikwissenschaft an der Ludwig-Maximilians-Universität München. Zu den Schwerpunkten seiner Forschung zählen die Beziehung zwischen Theorie und Praxis und das Problem der sogenannten post-faktischen Politik.